Vivethinyi Vivekanantham

Eignet sich die Discounted Cash Flow-Methode bei der Bewertung von Start-ups?

Möglichkeiten und Risiken der klassischen Unternehmensbewertung

Bibliografische Information der Deutschen Nationalbibliothek:

Die Deutsche Nationalbibliothek verzeichnet diese Publikation in der Deutschen Nationalbibliografie; detaillierte bibliografische Daten sind im Internet über http://dnb.d-nb.de abrufbar.

Impressum:

Copyright © EconoBooks 2020

Ein Imprint der GRIN Publishing GmbH, München

Druck und Bindung: Books on Demand GmbH, Norderstedt, Germany

Covergestaltung: GRIN Publishing GmbH

Inhaltsverzeichnis

Abbildungsverzeichnis

Formelverzeichnis

Abkürzungsverzeichnis

APV-Ansatz	Adjusted Present Value-Ansatz
CAPM	Capital Asset Pricing Model
DCF-Methode	Discounted Cash Flow-Methode
DSM	Deutscher Startup Monitor
FTE-Methode	Flow to Equity-Methode
IDW	Institut der Wirtschaftsprüfer in Deutschland
MBO	Management Buy-out
TCF-Methode	Total Cash Flow-Methode
WACC-Ansatz	Weighted Average Cost of Capital-Ansatz

Symbolverzeichnis

EK_{APV}	Marktwert des Eigenkapitals nach der APV-Methode
EK_{FCF}	Marktwert des Eigenkapitals nach der FCF-Methode
EK_{MW}	Marktwert des Eigenkapitals
EK_{TCF}	Marktwert des Eigenkapitals nach der TCF-Methode
FCF	Erwarteter Free Cash Flow in Periode t
FK_{MW}	Marktwert des Fremdkapitals
GK_{MW}	Marktwert des Gesamtkapitals
k_{mitTS}	Gewogener Gesamtkapitalkostensatz (WACC) mit Tax Shield
k_{ohneTS}	Gewogener Gesamtkapitalkostensatz (WACC) ohne Tax Shield
N_0	Marktwert des nicht betriebsnotwendigen Vermögens
p	Insolvenzwahrscheinlichkeit
r_{EK}	Renditeerwartung der Eigenkapitalgeber
r_{FK}	Renditeerwartung der Fremdkapitalgeber
t	Periode in der Detailprognosephase
T	Endperiode in der Detailprognosephase
TCF	Erwarteter Total Cash Flow in Periode t
w	Wachstumsrate

1 Einleitung

1.1 Problemstellung und Zielsetzung

Warren Buffet sagte einst: „If I were a business school professor in finance, I would assign the following exam: How do you value Internet companies? And I would fail everyone that did not leave the answer sheet blank."[1] Ist die Bewertung von Wachstumsunternehmen denn wirklich so unmöglich?

Viele Analysten konstatieren noch heute, dass Start-up- oder junge Wachstumsunternehmen mangels Historie und wegen teils nicht bestehender Produkte nicht bewertet werden können. Doch Damodaran, einer der weltweit anerkannten Bewertungsexperten, argumentiert in seinem Werk „Investment Valuation – Determinig the value of Any Asset", dass auch bei wachsenden Unternehmen die grundlegenden Fundamente weiterhin gelten: Der Wert eines Wachstumsunternehmens ist der Barwert der zukünftig zu erwartenden Cash Flows aus der Geschäftstätigkeit. Lediglich die Bestimmung und Schätzung der Parameter zur Bestimmung des Unternehmenswertes fordern die Analysten, aus dem Tellerrand hinauszublicken und die bewertungsrelevanten Parameter außerhalb unserer normalen Informationsquellen zu beschaffen.[2]

Gegenstand der vorliegenden Untersuchung sind junge, innovative Wachstumsunternehmen. Diese Unternehmen weisen innovative Geschäftsideen mit hohem Wachstumspotenzial auf, meist getrieben durch moderne Technologien und immateriellen Vermögenswerten. Hierunter fallen beispielsweise FinTech-Unternehmen aus dem Bereich der Finanzdienstleistungen.[3] Wachstumsunternehmen spielen eine entscheidende Rolle in einer Volkswirtschaft. Sie schaffen neue Arbeitsplätze und sind insbesondere verantwortlich für das Vorantreiben von neuen Technologien.[4] In den vergangenen Jahren gewann die deutsche Start-up-Szene deutlich an Beachtung. Die Entwicklung ist insbesondere in Anbetracht des anhaltenden Niedrigzinsumfeldes durch die gestiegene Risikokapitalinvestitionen gekennzeichnet.[5] Seit 2016 stieg das Gesamtinvestitionsvolumen von Start-up-Unternehmen um gut

---

[1] Buffet, zitiert nach Wirtz/Salzer 2013, S. 233; Frankfurter Allgemeine Zeitung 2002, zuletzt geprüft am 23.07.2019.

[2] Vgl. Damodaran 2012, S. 637.

[3] Vgl. Rzepka et al. 2016, S. 311.

[4] Vgl. Rudolf/Witt 2002, 13 f.

[5] Vgl. Rzepka et al. 2016, S. 311.

102 Prozent auf rund 4,6 Milliarden Euro. Wie der jüngsten Studie von Ernst & Young entnehmbar, übertrifft dieser Wert das bisherige Rekordniveau um rund 7 Prozent (siehe Abbildung 1).[6]

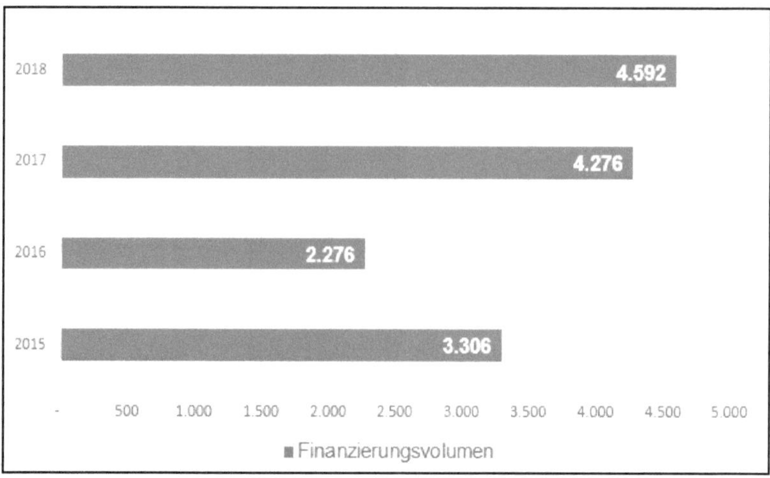

Abbildung 1 - Finanzierungsvolumen von Start-ups (2015 - 2018)
Quelle: Entnommen aus Ernst & Young, S. 3

Einhergehend mit der Entwicklung des Finanzierungsvolumens sind die zum Teil sehr hohen Bewertungen von jungen Wachstumsunternehmen. Solche mit Risikokapital finanzierte und mit mehr als einer Milliarde Dollar bewertete Unternehmen werden auch als Einhörner (zu Englisch „Unicorns") bezeichnet.[7] Auch bereits an die Börse gebrachte Unternehmen weisen deutlich höhere Marktkapitalisierungen im Verhältnis zu ihrer Profitabilität auf.[8] Beispielsweise beträgt die Marktkapitalisierung von Zalando SE, das 2008 gegründet wurde, zur Zeit rund 11 Milliarden Euro bei einem operativen Ergebnis von rund 0,11 Milliarden Euro (2018).[9]

Im Vergleich dazu beträgt die Marktkapitalisierung des DAX-Unternehmens Adidas AG rund 54 Milliarden Euro bei einem operativen Ergebnis von rund 2 Milliarden Euro (2018). Man bedenke jedoch, dass das Unternehmen Adidas bereits seit dem

---

6   Vgl. Ernst & Young, S. 3.

7   Vgl. Becker 2019, S. 85; Rzepka et al. 2016, S. 311.

8   Vgl. Rzepka et al. 2016, S. 311.

9   Vgl. finanzen.net 2019b, zuletzt geprüft am 14.07.2019.

Jahre 1949 existiert.[10] Die hohen Bewertungen sind trotz der geringen oder sogar negativen Ergebenisgrößen stark von den hohen Wachstumserwartungen der Investoren geprägt. Doch dem stehen Planungsunsicherheiten und ein erhöhtes Ausfallrisiko des Geschäftsmodells gegenüber. Somit unterscheidet sich das Chancen- und Risikoprofil von jungen Wachstumsunternehmen grundlegend von etablierten Unternehmen. Die Vergangenheit verdeutlichte bereits die hohe Volatilität solcher Bewertungen. Die Euphorie der meisten Internet-Unternehmen um die Jahrhundertwende endete im Frühjahr 2000 mit einem deutlichem Wertverlust. Die speziell für junge technologiebasierte Unternehmen installierten Börsensegment „Neue Markt" bzw. der Performanceindex „NEMAX 50" wurden aufgelöst. Als Nachfolger wurde der Index TecDAX installiert, der seitdem lediglich 30 Unternehmen listet. Vielen der Internet-Unternehmen halbierten bzw. drittelten ihren Wert binnen kürzester Zeit.[11] sind vor diesem Hintergrund die überdurchschnittlich hohen Bewertungen der heutigen Start-up-Unternehmen gerechtfertigt?

Analysten bewerteten UBER beispielsweise im Frühjahr 2019 mit ca. 120 Milliarden Dollar und erwarteten damit eine der größten Börsengänge der Finanzgeschichte. Doch dieser Wert halbierte sich nahezu beim Börsengang im Mai 2019 mit einem Wert von 82 Milliarden Dollar.[12] Des Weiteren verzeichnete das Unternehmen im ersten Quartal nach dem Börsengang einen erheblichen Verlust von 5,2 Milliarden Dollar.[13]

In den letzten Jahrzehnten gab es immer wieder Unternehmen und Branchen mit neuen Geschäftsmodellen, die zunächst sehr hohe Bewertungen aufwiesen, jedoch nach kurzer Zeit wieder auf realistischere Werte zurückfielen. Nach Wirtz ist diese Entwicklung meist von der Überzeugung der Investoren geprägt, dass Start-ups bzw. junge Wachstumsunternehmen nicht mit herkömmlichen Bewertungsmethoden, wie beispielsweise der Discounted Cash Flow-Methoden, bewertet werden sollten und daher wesentlich höhere Bewertungen gerechtfertigt werden könnten. Die Vergangenheit zeigt aber immer wieder, dass die zukünftigen Aktienkurse wieder auf branchenähnliche Werte zurückfallen. Demnach kommt doch die Frage auf, ob nicht wieder auf etablierte Methoden wie der DCF-Methode zurückgegriffen

10 Vgl. finanzen.net 2019a, zuletzt geprüft am 14.07.2019.
11 Vgl. Wirtz/Salzer 2013, 233 f.
12 Vgl. Becker 2019, S. 85.
13 Vgl. Postinett 2019, zuletzt geprüft am 09.08.2019.

werden sollte, auch wenn diese von vielen Analysten bei der Bewertung von Jungunternehmen als ungeeignet empfunden wird.[14]

Bei der Auswahl der Bewertungsverfahren stehen die Discounted Cash Flow-Methoden, die international als Standardbewertungsmethode eingesetzt werden, bezüglich ihrer praktischen Anwendbarkeit bei jungen Unternehmen vermehrt in der Kritik. Die vorliegende Arbeit verfolgt das vorrangige Ziel die Discounted Cash Flow-Methoden auf Standhaftigkeit bei der Bewertung von Wachstumsunternehmen zu untersuchen. Des Weiteren sollen ihre Möglichkeiten und Grenzen aufgezeigt werden. Der besondere Fokus liegt dabei auf den dargelegten Charakteristika junger, innovativer Wachstumsunternehmen und inwiefern diese Berücksichtigung bei der Anwendung der Discounted Cash Flow-Methoden finden.

1.2 Aufbau und Methodik

Beginnend mit grundlegenden Begriffsbestimmungen werden im Kapitel **2** zunächst die theoretischen Fundamente in Zusammenhang mit Wachstumsunternehmen und Unternehmensbewertung gelegt. Im Anschluss erfolgt die Hinführung zur Discounted Cash Flow-Methode als ausgewählter Bewertungsansatz und ihre Einordnung in die Methodiken der Unternehmensbewertung. Kapitel **3** stellt in einer detaillierten Analyse die vier verschiedenen Varianten der DCF-Methode dar, verbunden mit einer formelseitigen Erläuterung. Aufbauend auf den erarbeiteten theoretischen Grundlagen behandelt Kapitel **4** ausführlich die einzelnen Problemfelder, die sich im Kontext der praktischen Durchführung der Bewertung junger Unternehmen ergeben. Dabei werden im Rahmen der Unterkapitel 4.1 bis 4.6 die Besonderheiten und notwendigen Modifikationen für die Anwendung der DCF-Verfahren bei Wachstumsunternehmen aufgezeigt und gewürdigt. Die Grundlage für die Ausführungen bildet eine umfassende Literaturrecherche unter Analyse empirischer sowie theoretischer Arbeiten. Ebenso sollen hier mögliche Lösungsansätze für die bereichsspezifischen Problemfelder erörtert werden. Abschließend werden im Kapitel **5** eine Gesamtwürdigung und bereichsübergreifende Handlungsempfehlungen für die Praxis gegeben. Im Kapitel **6** erfolgt ein zusammenfassendes Fazit.

---

[14] Vgl. Wirtz/Salzer 2013, S. 234.

2 Theoretische Grundlagen und Begriffsdefinitionen

In diesem einführenden Kapitel werden zunächst die theoretischen Grundlagen erarbeitet, welche die Basis für die späteren Analysen und Diskussionen bilden. Insbesondere werden hier die Fragen aufgegriffen, was unter den Begriffen „Wert" und „Wachstumsunternehmen" zu verstehen ist sowie wann und wie „Unternehmensbewertungen" grundsätzlich vorgenommen werden.

2.1 Wertbegriff und Werttheorien

Die wissenschaftliche Auseinandersetzung der Bewertungsproblematik findet ihre Ursprünge in den Anfängen des 20. Jahrhunderts. Bereits 1917 beschäftigte sich Schmalenbach mit der Thematik der Bewertung von Unternehmen. Die wesentliche Aufgabenstellung der Unternehmensbewertung liegt in der Wertfindung eines Unternehmens in seiner Gesamtheit oder Teileinheit. Hierbei ist zu klären, was in der Bewertungslehre grundsätzlich unter dem Wertbegriff zu verstehen ist.[15] Wöltje sowie Becker definieren den Unternehmenswert in Abgrenzung zum Kaufpreis als das Ergebnis einer Unternehmensbewertungsmethode. Der Kaufpreis dagegen ist das Ergebnis einer Verhandlung zwischen dem Gründer und Investor.[16] Seit den anfänglichen theoretischen Auseinandersetzungen sind seitdem drei grundlegende Entwicklungslinien im Rahmen der Bewertungslehre zu verzeichnen. Diese Entwicklungslinie erstreckte sich von der „objektiven" über die „subjektive" bis hin zur „funktionalen" Unternehmensbewertung. Die objektive Werttheorie setzt den Wert eines Wirtschaftsguts mit seinem Marktpreis gleich. Da jedoch Unternehmen aufgrund ihrer spezifischen Marktform höchst heterogene Wirtschaftsgüter sind, existieren keine Marktpreise für Unternehmen als Ganzes. Hierbei dienen Ersatzwerte, bei denen jegliche Interessenlagen der am Bewertungsprozess beteiligten Personen, wie z.B. Käufer und Verkäufer, negiert werden. Der objektive Wert repräsentiert den im Bewertungsobjekt selbst liegenden Wert. Somit ergibt sich idealerweise unter normalen Umständen, unabhängig von den Interessen der Beteiligten, ein immer gleich hoher erzielbarer Wert für das betreffende Unternehmen.[17]

---

15 Vgl. Hayn 2003, S. 34.
16 Vgl. Wöltje 2017, S. 208; Becker 2019, S. 86.
17 Vgl. Hayn 2003, 35 f.

Im Gegenzug wird bei der subjektiven Werttheorie nicht mehr von der Normalisierung des Unternehmenswertes ausgegangen, sondern von einem potentiellen Preis des betreffenden Unternehmens, der auch als Grenzpreis bezeichnet wird. Im Rahmen von sogenannten Entscheidungswerten wird für jeden Beteiligten ein unter Berücksichtigung des zu erzielenden Nutzens generierter Unternehmenswert ermittelt. Der Nutzen eines Gutes setzt sich dabei aus finanziellen (z.B. Erträge, Cashflows) und nicht-finanziellen Komponenten (z.B. Prestige, Macht) zusammen. Demnach können hier mehrere Unternehmenswerte existieren, abhängig von der Anzahl der beteiligten Parteien. Doch auch diese Theorie steht in der Kritik, dass nicht alle Bewertungsprobleme mit nur einer Bewertungskonzeption gelöst werden können.[18]

Diesem Kritikpunkt wird im Kontext der funktionalen Werttheorie Rechnung getragen, indem von der Denkweise einer einzigen, allgemeinen Unternehmenswertgröße abstrahiert wird. Vielmehr ergibt sich der Wert eines Unternehmens aus dem verfolgten Bewertungszweck. Der ermittelte Wert besitzt folglich eine begrenzte Gültigkeit. Somit muss vor jeder Bewertung nicht nur eine Differenzierung in Abhängigkeit vom Bewertungssubjekt in interpersoneller Hinsicht durchgeführt werden, sondern auch eine in Abhängigkeit vom Bewertungszweck in intrapersoneller Hinsicht.[19]

2.2 Wachstumsunternehmen

2.2.1 Definition und spezifische Charakteristika

Die Begriffe „Wachstumsunternehmen", „Start-up-Unternehmen" sowie „Junge Unternehmen" werden im heutigen Sprachgebrauch häufig synonym behandelt und scheinen im Kult zu sein wie nie zuvor. Jedoch sind diese Termini kein Phänomen des Internet-Zeitalters. Eine der frühesten Betrachtungen von Wachstumsunternehmen stammt von Peter L. Bernstein aus dem Jahre 1956, auf dessen Beitrag auch immer wieder spätere Autoren zurückgreifen.[20] In seinem Beitrag „Growth Companies vs. Value Stocks" geht er intensiv auf betreffende Definitionen von Wachstumsunternehmen ein. Demnach ist ein Wachstumsunternehmen ein durch organisches Wachstum geprägtes Unternehmen, welches nach Bernstein nur durch

---

[18] Vgl. Hayn 2003, 37 f.; Wöltje 2017, S. 208.
[19] Vgl. Wöltje 2017, 38 f.
[20] Vgl. Crasselt et al. 2018, S. 103 i.V.m. Rudolf/Witt 2002, S. 12.

technologischen Fortschritt bzw. Vorsprung möglich ist. Organisches Wachstum beschreibt hier ein Wachstum, das von innen herauskommt und nicht durch Bevölkerungs- oder Geldvermögungswachstum. Somit impliziert diese Prämisse, dass Unternehmen, die expansiv andere Firmen akquirieren, nicht allein deshalb als Wachstumsunternehmen bezeichnet werden können.[21] Weiterhin kommt Bernstein in seinen Ausführungen zu der Erkenntnis, dass Wachstumsunternehmen deutlich über dem Branchendurchschnitt liegende (risikobereinigte) Gewinnmargen erwarten lassen.[22] Rudolf und Witt konstatieren, dass diese aus den 50er Jahren stammende Forderung nicht ohne Weiteres mit der heutigen Zeit vereinbar ist. Heutige Wachstumsunternehmen operieren zwar heute noch an den Grenzen des Technologiefortschritts der Gesellschaft, aber die Markteintrittsbarrieren sind gerade in der Internet-Branche niedriger als früher. Technikbedingte Monopole sind heute nur noch selten beobachtbar.[23] Das wichtigste ökonomische Ziel ist daher schnelles Umsatzwachstum, wobei Gewinne eher zweitrangig sind. Die meisten jungen Unternehmen weisen in der Anfangszeit noch negative Cashflows aus.[24]

Als Wachstumsunternehmen werden in der vorliegenden Arbeit Gründungen bezeichnet, die folgende Charakteristiken aufweisen:

- Selbständig,
- Originär,
- Innovativ,
- hohes Wachstumspotenzial.[25]

Die Selbstständigkeit setzt dabei die junge wirtschaftliche Existenz als notwendiges Kriterium voraus, nicht die rechtliche Existenz. Ein rechtlich junges Unternehmen, das zum Beispiel bei der Gründung einer Tochtergesellschaft entsteht, ist kein Wachstumsunternehmen im Sinne der obigen Definition. Die neu gegründete Tochtergesellschaft ist nämlich an den übergeordneten Konzern und somit an dessen Möglichkeiten, Grenzen und Mittel gebunden.[26] Demgegenüber ist ein Unternehmen wirtschaftlich jung und zugleich originär, wenn es noch nicht über einen festen

---

21 Vgl. Brettel et al. 2005, S. 2.

22 Vgl. Rudolf/Witt 2002, S. 12; Brettel et al. 2005, S. 195.

23 Vgl. Rudolf/Witt 2002, 13 f.

24 Vgl. Brettel et al. 2005, S. 197.

25 Vgl. Achleitner/Lutz 2004, S. 1–4.

26 Vgl. Achleitner/Lutz 2004, S. 1; Smeets 2018, S. 5; Hayn 2003, S. 15

Marktanteil, Kundentreue und hohen Bekanntheitsgrad verfügt und dieser Zustand durch den vollständig neuen Aufbau des Unternehmens begründet ist. Dieses Merkmal grenzt demnach Gründungen ab, bei denen auf bereits existierenden Unternehmensstrukturen, wie zum Beispiel bei einem Management Buy-out (MBO) zurückgegriffen wird.[27] Das dritte Merkmal des hohen Innovationsgrades wird von Hauschildt dadurch gekennzeichnet, dass Wachstumsunternehmen qualitativ neuwertige Produkte, Dienstleistungen und Geschäftsmodelle aufweisen, die sich deutlich von denen auf dem Markt existierenden deutlich unterscheiden.[28] Heutige Wachstumsunternehmen sind vorwiegend durch immaterielle Vermögensgegenstände geprägt, in Form von Patenten, Lizenzen und Rechten.[29] Durch diese Sonderstellung des veränderten Wertschöpfungsprozesses, das vorwiegend aus „Intangibles" besteht[30], sind innovative Wachstumsunternehmen besonderen Herausforderungen ausgesetzt, dem Schutz ihres Wissens und gleichzeitig der ständigen Anpassungsfähigkeit an die dynamisch ändernden Umweltbedingungen. Mangelnde, rückfallende Dynamik und Innovationsgrad wirken sich aus in Form von schrumpfenden Erträgen und Verlusten an Marktanteilen. Hierdurch wird deutlich, dass innovative Wachstumsunternehmen hohen Kosten und Risiken ausgesetzt sind im Gegensatz zu imitierenden Gründungen. Entweder kann sich der Wert um einige Faktoren vervielfachen oder scheitern.[31] Die hohe Krisenanfälligkeit wird dadurch verstärkt, dass Wachstumsunternehmen charakteristisch Ein-Produkt-Unternehmen sind bzw. einen geringeren Diversifikationsgrad ausweisen als etablierte Unternehmen. Achleitner et al. bemerken weiterhin, dass diese Tatsache aufgrund der Ressourcenengpässen von Wachstumsunternehmen zugleich erfolgsfördernd und notwendig sein kann.[32]

Durch die Monopolstellung der innovativen Gründungen führt Letzteres folglich zum vierten Merkmal von Wachstumsunternehmen: Ein überproportionales Wachstumspotenzial. Junge Unternehmen zeichnen sich oftmals dadurch, dass sie als vorrangiges Ziel überdurchschnittliches Umsatzwachstum und nicht zeitnahe Cashflow-Generierung anstreben.[33] Hayn bemerkt hier an, dass diese

---

27 Vgl. Smeets 2018, S. 5; Achleitner/Lutz 2004, S. 2.
28 Vgl. Hauschildt 1997, S. 6.
29 Vgl. Achleitner et al. 2001, S. 31; IACVA-Arbeitskreis 2011, S. 12.
30 Vgl. Achleitner et al. 2001, S. 31.
31 Vgl. Hayn 2003, 18 f.
32 Vgl. Achleitner et al. 2001, S. 31.
33 Vgl. Peemöller 2015, S. 772.

Expansionsstrategie Hand in Hand mit dem vorhergehenden Ziel der Dynamik gehen muss.[34] Um Erfolg mit der Wachstumsstrategie zu haben, muss das Unternehmensmanagement flexibel, kreativ, innovativ sein und rasch auf eine sich ändernde Umwelt reagieren zu können und dem enormen Wettbewerbsdruck gerecht zu werden.[35]

Zusammenfassend definiert der Deutsche Startup Monitor (DSM) Start-ups nach folgenden Kriterien, wobei der erst genannte Punkt eine notwendige Bedingung darstellt. Hinreichende Bedingung ist die Erfüllung eines der weiteren beiden Kriterien:

- Das Unternehmen ist jünger als 10 Jahre,

- Das Unternehmen strebt ein signifikantes Mitarbeiter- und/oder Umsatzwachstum an,

- Das Unternehmen ist mit seiner Technologie und/oder seinem Geschäftsmodell hoch innovativ.[36]

Diese Definition des DSM sowie die zuvor beschriebenen spezifischen Charakteristika dienen als Hauptmerkmale für die Wachstumsunternehmen, die im Rahmen dieser Arbeit betrachtet werden.

2.2.2 Abgrenzung in Anlehnung des Lebenszykluskonzeptes

Die eingangs erwähnte synonyme Verwendung der Begrifflichkeiten von Wachstumsunternehmen können aus wissenschaftlicher Perspektive in Anlehnung des Lebenszykluskonzeptes voneinander unterschieden werden.[37] Für die weitere Untersuchung junger, innovativer Wachstumsunternehmen bieten sich die aus der Venture Capital-Branche stammenden Lebenszykluskonzepte an. Diese orientieren sich bei der Einteilung der Wachstumsunternehmen an Finanzierungsanlässen in Form eines Phasenschemata. Durchgesetzt haben sich dabei anglo-amerikanische Terminologien aus dem Bereich der Entrepreneurforschung. Folgende Abbildung 2 zeigt eine vereinfachte Übersicht und Einteilung. Zu beachten gilt, dass in der

---

[34] Vgl. Peemöller 2015, S. 772; Hayn 2003, S. 18.
[35] Vgl. Achleitner et al. 2001, S. 30; Peemöller 2015, S. 772.
[36] Vgl. Bundesverband Deutsche Startups, S. 6, zuletzt geprüft am 23.07.2019
[37] Vgl. Damodaran 2009, S. 3.

Literatur verschiedene Klassifizierungen vieler Autoren vorzufinden sind, die sich jedoch im Kern ähneln.[38]

Die untenstehende Abbildung 2 zeigt einen Entwicklungsprozess, wobei die im Rahmen dieser Arbeit untersuchte Art von Unternehmen sich in der Phase des Wachstums befindet. Idealtypisch steht vor der Wachstumsphase die Gründungs- und Anlaufphase. Nach der Wachstumsphase schließen sich die Reife und der Exit an.[39] Je weiter links von der gestrichelten Linie sich das zu bewertende Unternehmen befindet, desto unsicherer und größer sind die Handlungsspielräume des Managements. Demnach müssen diese Besonderheiten in die Bewertungsmodelle von Wachstumsunternehmen aufgenommen und gegebenenfalls modifiziert werden.[40]

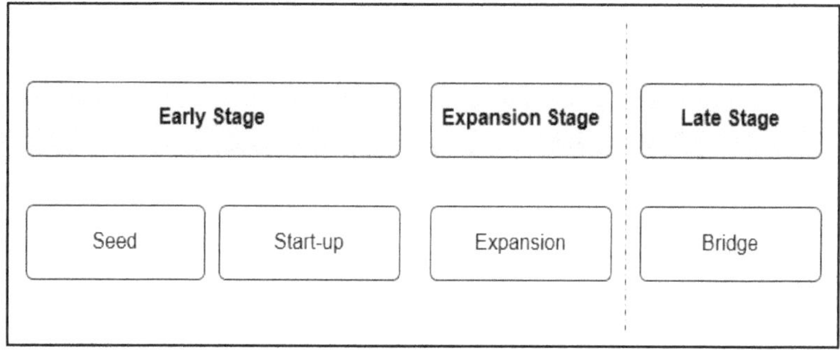

Abbildung 2 - Klassifizierung von Wachstumsunternehmen in Anlehnung an Lebenszykluskonzepten
Quelle: Eigene Darstellung in Anlehnung an Rieg 2004, S. 105

2.3 Unternehmensbewertung

2.3.1 Ziele und Anforderungen

Die Bewertung von Unternehmen ist einer der Kernaufgaben im Consulting, in der Finanzanalyse, in der Wirtschaftsprüfung und in der Unternehmensplanung.[41] Ziel einer Unternehmensbewertung ist die Zuordnung eines potenziellen Wertes für Unternehmen als Gesamtheit oder seiner Unternehmensteile, wie z.B. einer Beteiligung oder Betriebsstätte. Dabei sind alle Erfolgspotenziale aus der Gegenwart

---

[38] Vgl. Rieg 2004, S. 103.
[39] Vgl. Adams/Rudolf 2005, S. 199.
[40] Vgl. Adams/Rudolf 2005, S. 201; Johanning 2001, zuletzt geprüft am 18.07.2019.
[41] Vgl. Spremann/Ernst 2011, S. 14.

und Zukunft sowie alle auf das Unternehmen einwirkenden Risiken zu berücksichtigen. Getreu dem Zitat von Warren Buffet „Price is what you pay, value is what you get"[42] muss ein zustande kommender Kaufpreis nicht unbedingt mit dem Unternehmenswert gleichwertig sein. Preise sind stark konjunkturabhängig und können je nach Angebots- und Nachfrageverhalten stark variieren. Dem gegenüber ergeben sich Unternehmenswerte aus dem zukünftigen Nutzen für den Unternehmenseigentümer bzw. Investor.[43]

Die Anforderungen an die Unternehmensbewertung, die für die weitere Untersuchung dieser Arbeit wesentlich sind, sind nach Peemöller in folgende vier Bereiche zusammengefasst:

1. Die Zukunftsbezogenheit fordert den Fokus auf Erfolgsbeiträge, die den Kapitalgebern künftig zustehen.

2. Die Nutzenbewertung verlangt, dass sämtliche finanzielle, gegebenenfalls auch nicht-finanzielle Nutzenbeträge in die Berechnungen einfließen.

3. Das Chancen- und Risikoprofil des jeweiligen Unternehmens sind in die Prognoseverfahren der Bewertungsmethoden einzubeziehen.

4. Der Investorbezug fordert die Wertfindung aus der Perspektive der Kapitalgeber und des Bewertungszwecks.[44]

2.3.2 Anlässe der Unternehmensbewertung

Es gibt nicht den einen und einzig richtigen Unternehmenswert. Vielmehr steht der Wert eines Unternehmens in Abhängigkeit vom Bewertungszweck.[45] Demnach definieren Kuhner und Maltry den Begriff Unternehmensbewertung unter anderem als eine „Dienstleistung, die auf Märkten gehandelt wird. Nachgefragt werden Unternehmensbewertungen insbesondere dann, wenn Änderungen der Eigentumsverhältnisse an einem Unternehmen geplant sind"[46]. Somit entsteht die Notwendigkeit einer Unternehmensbewertung zur Entscheidungsfindung im Rahmen des Verkaufs oder aufgrund von rechtlichen Bedingungen. Zumeist sind Unternehmensbewertungen im Rahmen des Kaufs, einer Fusion oder eines Börsengangs zu beobachten. Jedoch gibt es zahlreiche weitere Anlässe für eine Bewertung. Durch

---

42 Vgl. Buffet, zitiert nach Ernst et al. 2018, S. VII.
43 Vgl. Smeets 2018, S. 11.
44 Vgl. Peemöller 2015, S. 3.
45 Vgl. Drukarczyk/Schüler 2016, 3 f.
46 Kuhner/Maltry 2017, S. 1.

die vielzähligen Anlässe sind in der Literatur verschiedene Kategoriserungsansätze, wie z.B. nach dem Lebenszykluskonzept zu finden.[47] Im Rahmen dieser Arbeit soll für die Systematisierung der Anlässe folgende Einteilung genutzt werden.

	entscheidungsabhängig		nicht entscheidungsabhängig
	nicht dominiert	**dominiert**	
Typ Kauf/ Verkauf	Kauf/Verkauf eines Unternehmens oder Unternehmensanteils	Ausscheiden eines Personengesellschafters durch: – Kündigung – Insolvenz – Kündigung durch Privatgläubiger – Ausschluss wegen „Lästigkeit" Barabfindung von Minderheitsgesellschaftern bei: – übertragender Umwandlung – Abschluss eines Beherrschungs- oder Gewinnabführungsvertrages – Eingliederung – Formwechsel und/oder Umwandlung Enteignung, Vergesellschaftung Erbauseinandersetzung	Substanzbesteuerung Kreditwürdigkeitsprüfung Sanierung
Typ Fusion	Unternehmensgründung mit Einbringung Eintritt eines Gesellschafters in bestehendes Unternehmen ohne Ausscheiden bisheriger Gesellschafter Verschmelzung	Abfindung von Minderheitsgesellschaftern in eigenen Aktien bei – übertragender Umwandlung – Abschluss eines Beherrschungs- oder Gewinnabführungsvertrages – Eingliederung	

Abbildung 3 - Systematisierung der Unternehmensbewertungsanlässe
Quelle: Entnommen aus Winter 2009, S. 5

Zunächst erfolgt im ersten Schritt eine Differenzierung in entscheidungsabhängige und nicht entscheidungsabhängige Anlässe. Während entscheidungsabhängige Anlässe durch Änderungen der Eigentumsverhältnisse gekennzeichnet sind, finden bei den entscheidungsunabhängigen Anlässen dagegen keine Eigentumswechsel statt. Letztere werden vorwiegend zu Zwecken der Informationsgewinnung und Prüfung durchgeführt. Im Zuge der immer weiter vordringenden Shareholder Value-Kultur dienen entscheidungsunabhängige Bewertungen im Wesentlichen für innerbetriebliche Steuerungszwecke. Auf einer zweiten Stufe werden die entscheidungsabhängigen Bewertungsanlässe weiter differenziert in nicht-dominierte und

---

[47] Vgl. Kuhner/Maltry 2017, S. 7–10.

dominierte sowie nach den Typen Kauf/Verkauf und Fusion. In nicht-dominierten Situationen können Eigentumsverhältnisse nur im Einvernehmen beider Parteien geändert werden. Beide Parteien sind dabei gleichgestellt. Im Gegenzug kann in dominierten Anlasssituationen eine der Parteien auch gegen den erklärten Willen der anderen Partei eine Änderung der Eigentumsrechte herbeiführen, beispielsweise mit gesetzlicher Befugnis oder durch Verträge. Des Weiteren handelt es sich bei der Differenzierung in die Typen Kauf/Verkauf und Fusion um eine situationsbedingte Einteilung. Beim Typ Kauf/Verkauf erfolgt eine Änderung der Eigentumsverhältnisse. Die Veräußerungspartei überlässt der Erwerberpartei freiwillig ihre Eigentumsrechte als Anteile oder im Ganzen im Zuge einer Gegenleistung. Demgegenüber kommt es beim Typ Fusion zu einem Eigentumswechsel bei zwei oder mehreren Unternehmen, indem die bisherigen Eigentümer direkt oder indirekt Eigentum an der durch die Fusion entstandenen neuen wirtschaftlichen Einheit erhalten.[48] Im deutschen Recht ergibt sich bei Verschmelzungen und Zusammenschlüssen der Prüfungs- und Bewertungsanlass oft unmittelbar aus gesetzlichen Vorschriften gemäß dem Umwandlungsgesetz (UmwG).[49]

2.3.3 Klassifizierung der Bewertungsmethoden

In der Praxis werden verschiedene Verfahren im Rahmen der Unternehmensbewertung verwendet, deren Anzahl weiter zunimmt.[50] Auch in der Literatur befinden sich verschiedenste Systematisierungsansätze, die sich im Kern ähneln. Die folgende Abbildung soll einen Überblick liefern mit einer zusätzlichen Überkategorisierung in „traditionelle" und „moderne" Ansätze[51].

---

[48] Vgl. Winter 2009, S. 6; Kuhner/Maltry 2017, S. 8.
[49] Vgl. Kuhner/Maltry 2017, S. 10.
[50] Vgl. Schacht/Fackler 2009, S. 18.
[51] Vgl. Wöltje 2017, S. 205.

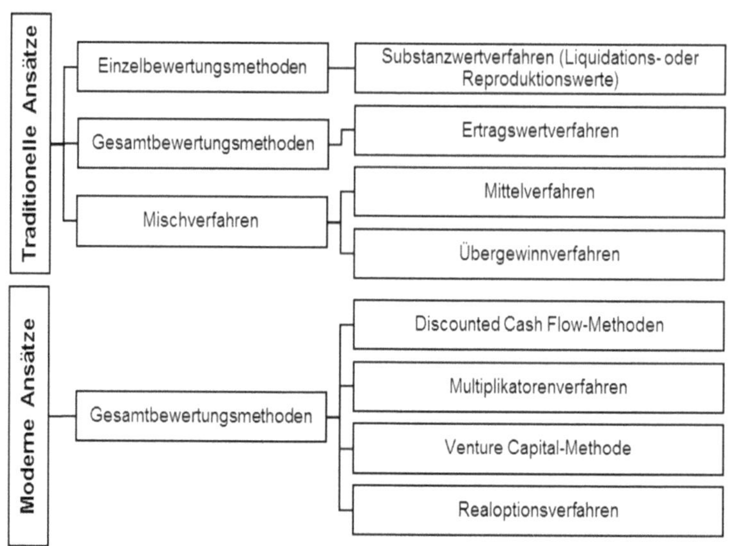

Abbildung 4 - Klassifizierung der Unternehmensbewertungsmethoden
Quelle: Eigene Darstellung in Anlehnung an Heesen 2019, S. 2; Smeets 2018, S. 15; Wöltje 2017, S. 205

Das Methodenspektrum der Unternehmensbewertung kann grundsätzlich in drei verschiedene Verfahrensgruppen eingeteilt werden, den Einzel-, Gesamt- und den Mischbewertungsverfahren. Traditionelle Ansätze umfassen dabei alle drei dieser Verfahrensgruppen. Im Vordergrund steht die Ermittlung eines objektiven Unternehmenswertes, der unabhängig von den Käufer- bzw. Verkäuferinteressen berechnet werden kann.[52] Einzelbewertungsmethoden bestimmen den Unternehmenswert durch eine isolierte Betrachtung der einzelnen Vermögensgegenstände und Schulden als Summe zu einem bestimmten Stichtag (Substanzwertverfahren). Hierzu können Liquidations- oder Reproduktionswerte herangezogen werden. In der praktischen Durchführung können jedoch insbesondere bei Wachstumsunternehmen Schwierigkeiten auftreten, da ihre Bilanzaktiva überwiegend aus immateriellen Vermögensgegenständen bestehen. Immateriellen Werten wie beispielsweise Patente, Marken und Kundenstämme, kann dabei nur selten ein einzelner, konkreter Wert beigemessen werden. Einzelbewertungsverfahren werden daher

---

[52] Vgl. Wöltje 2017, S. 211.

nur geringfügig als eigenständige Bewertungsmethode angewendet.[53] Die sogenannten Mischverfahren versuchen diese Schwächen abzumildern durch die Verknüpfung von Substanz- und Ertragswertverfahren.[54] Letztere gehören der Gruppe der Gesamtbewertungsverfahren an und waren lange Zeit für neutrale objektivierte Bewertungen in Deutschland vorgeschrieben. Das Unternehmen wird dabei als Gesamtheit betrachtet und der Unternehmenswert durch Diskontierung der zukünftigen Erträge gewonnen.[55]

Bei den modernen Ansätzen wird der Unternehmenswert als subjektiver Wert verstanden. Folglich ist der Wert des Unternehmens von den Interessens- und Entscheidungssituationen der Beteiligten abhängig. Die modernen Ansätze versuchen dabei die Defizite der traditionellen Ansätze teils oder vollständig zu eliminieren. Die Discounted Cash Flow-Methoden gehören ebenfalls den Gesamtbewertungsverfahren an, können jedoch als einer der moderneren Ansätze gewertet werden, siehe Abbildung 4. International werden sie am häufigsten angewendet. Bei genauer Betrachtung kann davon ausgegangen werden, dass bei identischen Bewertungsprämissen das Ertragswertverfahren den Discounted Cash Flow-Methoden gleichgesetzt werden kann. Des Weiteren ist in der Praxis zu beobachten, dass bei Bewertungen von Start-up-, Wachstums- und Krisenunternehmen vermehrt auch alternative Verfahren eingesetzt werden, wie beispielsweise Multiplikatorverfahren, Venture Capital-Methode und Realoptionsverfahren.[56]

Im Anschluss an diese thematische Einordnung soll nun die Discounted Cashflow-Methode als ausgewählter Bewertungsansatz der gängigen Praxis detailliert betrachtet und analysiert werden.

---

[53] Vgl. Smeets 2018, S. 16; Achleitner et al. 2001, S. 927.
[54] Vgl. Ernst et al. 2018, S. 5.; Wöltje 2017, S. 211
[55] Vgl. Heesen 2019, S. 4; Smeets 2018, S. 16.
[56] Vgl. Wöltje 2017, S. 226; Smeets 2018, 16 f.

3 Discounted Cash Flow-Methode als international verbreiteter Ansatz

Dieses Kapitel beschäftigt sich ausführlich mit der Discounted Cash Flow-Methode. Zunächst werden die Grundlagen gelegt und die verschiedenen Arten der DCF-Methode vorgestellt. Anschließend sollen in vier Unterkapiteln die praktische Durchführung dieser Varianten unter Zuhilfenahme des Capital Asset Pricing Models erläutert werden. Hierbei sollen auch jeweils die Unterschiede der Varianten bzw. bei der Berechnung der Unternehmenswerte beleuchtet werden

Die DCF-Methode ist das meistgenutzte Verfahren weltweit und stammt ursprünglich aus der angloamerikanischen Bewertungspraxis.[57] Unter dem Gesichtspunkt der wertorientierten Unternehmensführung gewann die DCF-Methode zunehmend auch in Deutschland an Bedeutung. Der Bewertungsansatz ist konform mit den Grundzügen des Bewertungsstandards IDW S 1 i.d.F. 2008 (Grundzüge zur Durchführung von Unternehmensbewertungen).[58] Unter identischen Bewertungsannahmen kann das Ertragswertverfahren, das lange Zeit Wirtschaftsprüfern in Deutschland zur Ermittlung eines objektivierten Unternehmenswert vorgeschrieben war, dem DCF-Verfahren gleichwertig angesehen werden.[59]

Das Fundament der Methode bildet das Kalkül der Kapitalwertmethode aus der dynamischen Investitionsrechnung. Im Gegensatz zum auf zukünftige Erträge basierenden Ertragswertverfahren, liegt hier der Fokus auf zukunftsorientierte Cash Flows. Durch die Konzentration auf Cash Flows wird den bilanzpolitischen Ermessenspielräumen bei Jahresüberschüssen umgangen, wodurch die Betrachtung objektiver erscheint. Der Wert eines Unternehmens wird durch Diskontierung von Cashflows auf den gegenwärtigen Zeitpunkt gewonnen. Diskontierung versteht sich als Gegenstück zur Verzinsung und ermöglicht den Vergleich verschiedener Investitionsobjekte.[60]

Cashflows, zu Englisch „Geldfluss", stellen erwartete Zahlungen dar, die den Eigenkapitalgebern des zu bewertenden Unternehmens zustehen.[61] Der Cash Flow im Allgemeinen ist je nach Abgrenzung der betrachteten Zahlungsgrößen der Saldo

---

57 Vgl. Rudolf/Witt 2002, S. 78; Hayn 2003, S. 191.
58 Vgl. Heesen 2019, S. 277; Hayn 2003, S. 191.
59 Vgl. Copeland et al. 2002, S. 131–155.
60 Vgl. Hayn 2003, S. 191; Wöltje 2017, S. 226.
61 Vgl. IDW S 1 i.d.F. 2008, Tz. 124.

der Ein- und Auszahlungen des Unternehmens während einer Periode. Somit stellt er einen Indikator für die Innenfinanzierungskraft des Unternehmens dar.[62] Im Rahmen der Unternehmensbewertung werden die Cashflows in zwei Phasen getrennt in Betracht gezogen. In einer ersten Phase werden die Cashflows des zu bewertenden Unternehmens in der Regel über drei bis fünf Jahre detailliert geplant. In den Folgejahren, der sogenannten Phase 2, gehen sie üblicherweise in eine ewige Rente, den sogenannten Restwert (Fortführungswert) über.[63] Für die Besonderheiten, die bei Wachstumsunternehmen zu berücksichtigen sind, wird auf den Kapitelabschnitt 4.2 verwiesen. Für die Diskontierung wird in der Regel auf kapitalmarkttheoretische Modelle wie das Capital Asset Pricing Model (CAPM) zurückgegriffen.[64] Je nach Art und Weise der Bestimmung der bewertungsrelevanten Cash Flows, der anzuwendenden Diskontierungszinssätze und der Behandlung der Fremdfinanzierung, können in der Praxis verschiedene Varianten der DCF-Methode herausgefiltert werden[65], welche in folgender Abbildung dargestellt werden.

---

[62] Vgl. Hachmeister 2000, 59 f.
[63] Vgl. Wöltje 2017, S. 226.
[64] Vgl. Schacht/Fackler 2009, S. 23.
[65] Vgl. Heesen 2019, 5 f.

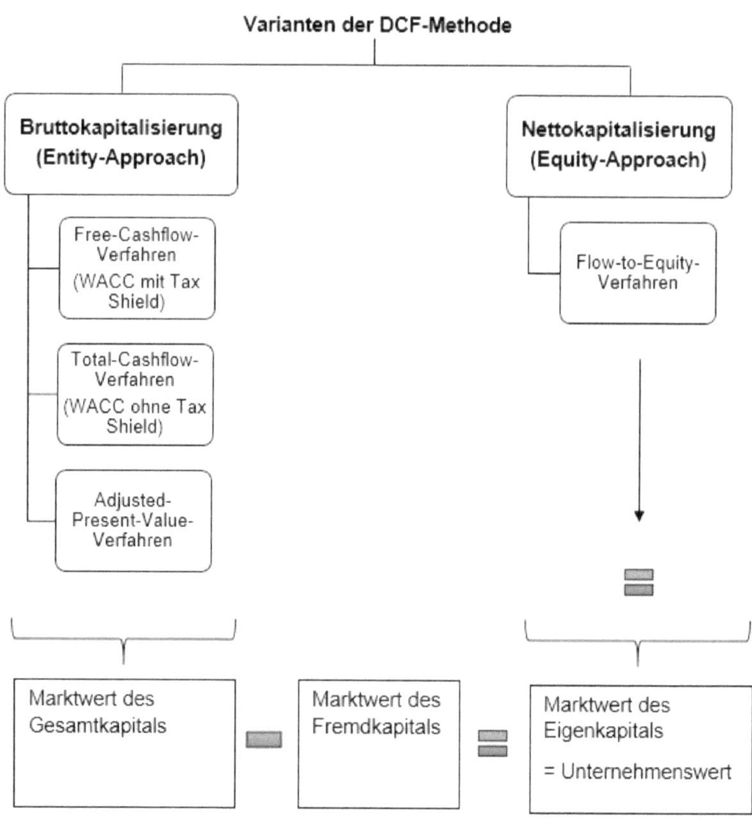

Abbildung 5 - Varianten der DCF-Methode
Quelle: Eigene Darstellung in Anlehnung an Heesen 2019, S. 6 und Wöltje 2017, S. 227

Im Rahmen der Bruttokapitalisierung kann das in Abbildung 5 abgebildete Gruppenelement „Entity Approach" einerseits in den sich weiter differenzierbaren Weighted Average Cost of Capital-Ansatz (WACC-Ansatz) und andererseits in den Adjusted Present Value-Ansatz (APV-Ansatz) unterteilt werden. Der WACC-Ansatz wird auch als Kapitalkostenansatz bezeichnet und kann auf Basis von Free Cash Flows oder auf Basis von Total Cash Flows durchgeführt werden, wobei sich Ersteres in der Praxis durchgesetzt hat. Allen drei Untergruppen ist gemein, dass die Verfahren aus der Perspektive aller Kapitalgeber, der Eigen- und Fremdkapitalgeber betrachtet werden. [66] Das bedeutet, dass der Ausgangspunkt für alle Varianten

---

[66] Vgl. Heesen 2019, S. 6.

der Bruttokapitaliserungsverfahren die operativen Einzahlungsüberschüsse sind, die zukünftig den Eigentümern und Fremdkapitalgebern zustehen werden.[67]

Weiterhin wird bei der Bruttokapitalisierung der Unternehmenswert indirekt in zwei Schritten ermittelt, wie in der obigen Abbildung 5 verdeutlicht ist. Im ersten Schritt wird der Marktwert des Gesamtkapitals (GK_{MW}) bestimmt. Dieser Marktwert des Gesamtkapitals ergibt sich durch die Diskontierung der periodenspezifischen Cashflows mit den gewogenen durchschnittlichen Kapitalkosten. Hinzugerechnet werden außerdem, falls vorhanden, der Barwert der nicht-betriebsnotwendigen Vermögenswerte, wie z. B. ungenutzte Immobilien oder kurzfristige Wertpapiere, da der Eigentümer des Unternehmens diese sofort veräußern könnte, ohne die Cashflows zu beeinflussen.[68] Erst im zweiten Schritt wird der eigentlich zu bestimmende Unternehmenswert, der Marktwert des Eigenkapitals (EK_{MW}) berechnet, indem der Marktwert des Fremdkapitals (FK_{MW}) vom Marktwert des Gesamtkapitals subtrahiert wird. Diese Vorgehensweise ist allen Unterverfahren des Entity-Ansatzes gemein, sie unterscheiden sich lediglich im Einsatz der verschiedenen Cashflow-Größen sowie in Berücksichtigung der Steuervorteile des Fremdkapitals, des sogenannten Tax Shields.[69]

Demgegenüber beinhaltet die Nettokapitalisierung mit dem Gruppenelement „Equity Approach" lediglich ein Verfahren, das sogenannte Flow-to-Equity-Verfahren. Hierbei wird im Gegenzug zur Bruttokapitalisierung der Unternehmenswert direkt in einem Schritt bestimmt, siehe Abbildung 5. Ausgangspunkt für die Berechnung sind somit nur die Einzahlungsüberschüsse, die den Eigenkapitalgebern zustehen. Für die Diskontierung wird lediglich der Eigenkapitalkostensatz verwendet.[70]

In der Praxis wird die Bruttokapitalisierung zumeist der Nettokapitalisierung vorgezogen, wegen des höheren Informationsgrades der Entity-Verfahren. Nicht zuletzt ist auch die Mangelhaftigkeit der exakten Flow-to-Equity-Planung und die laufend ändernden Kapitalstrukturen in der Praxis ein Grund.[71] Born merkt an dieser Stelle allerdings an, dass das Nettoverfahren für Banken und Versicherungen

---

[67] Vgl. Peemöller 2015, S. 271.

[68] Vgl. Wöltje 2017, S. 226.

[69] Vgl. Peemöller 2015, S. 345.

[70] Vgl. Heesen 2019, S. 6.

[71] Vgl. Volkart 2010, 62 f.; Born 2003, S. 10

durchaus geeignet ist, da bei diesen Unternehmen das Fremdkapital Teil des operativen Geschäftes und nicht nur Teil der Finanzierung ist.[72]

Die folgenden Unterkapitel behandeln die einzelnen Verfahren der Brutto- und Nettokapitalisierung und zeigen die Unterschiede bei der Behandlung der Cashflows, Fremdfinanzierung und Diskontfaktoren auf.

3.1 Entity-Approach auf Basis von Free Cash Flows

Der WACC-Ansatz auf Basis von Free Cashflows, auch als Free-Cashflow-Ansatz (FCF-Ansatz) bezeichnet, ist die am weitesten verbreitete Variante der DCF-Verfahren.[73]

Die Basis für die Berechnung sind die operativen Freien Cashflows, die allen Kapitalgebern „frei" zustehen. Ziel ist, eine von der Kapitalstruktur des Unternehmens unabhängige Rechengröße zu schaffen. Bei der Ermittlung dieser Free Cashflows wird lediglich eine Aufspaltung des Unternehmens in einen Finanzierungs- und einen Leistungsbereich vorgenommen. Dabei fließen nur Zahlungsströme aus dem Leistungsbereich in die Berechnung mit ein. Es soll also nur das operative Geschäft einbezogen werden. Durch diese Betrachtung ergibt sich eine fiktive Annahme einer vollständig eigenfinanzierten Unternehmung samt aller Steuern. Hierdurch wird allerdings die Abzugsfähigkeit der Fremdkapitalzinsen vernachlässigt. Fremdkapitalzinsen werden als Aufwand einer Unternehmung verbucht und reduzieren das Ergebnis vor Steuern und somit auch die Steuerlast. Der hierbei entstandene Wertvorteil wird als Tax Shield bezeichnet.[74] Um folglich eine zu hohe Steuerbelastung zu verhindern, werden die Kosten, welche aus dem Finanzierungsbereich kommen, bei der Berechnung des Wertes über die durchschnittlich gewogenen Kapitalkosten (WACC) mittels Diskontierung der Free Cash Flows berücksichtigt.

Gemäß den obigen Ausführungen erfolgt im Folgenden eine formelseitige Erläuterung der Berechnung des Wertes eines Unternehmens. Anschließend soll auf die einzelnen Komponenten separat eingegangen werden.

---

[72] Vgl. Born 2003, S. 10.

[73] Vgl. IDW S 1 i.d.F. 2008, Tz. A 337.

[74] Vgl. Ballwieser/Hachmeister 2016, S. 141.

$$EK_{FCF} = \sum_{t=1}^{T} \frac{FCF_t}{(1 + k_{mitTS})^t}$$

$$+ \frac{FCF_{T+1}}{(k_{mitTS} - w) \times (1 + k_{mitTS})^T} + N_0 - FK_{MW}$$

mit:

EK_{FCF}	= Marktwert des Eigenkapitals nach der FCF-Methode
FCF	= Erwarteter Free Cash Flow in Periode t
t	= Periode in der Detailprognosephase
K_{mitTS}	= Gewogener Gesamtkapitalkostensatz (WACC) mit Tax Shield
T	= Endperiode in der Detailprognosephase
W	= Wachstumsrate
N_0	= Marktwert des nicht betriebsnotwendigen Vermögens
FK_{MW}	= Marktwert des Fremdkapitals

Formel 1 - Unternehmenswert nach der FCF-Methode
Quelle: Eigene Darstellung in Anlehnung an Copeland et al. 2002, S. 176; Born 2003, S. 105; Wöltje 2017, S. 235

Kurz zusammenfassend gilt: Beim FCF-Verfahren agieren die operativen Free Cashflows als Basisgröße und die Tax Shield- Berücksichtigung erfolgt im Nenner bzw. im WACC-Diskontfaktor.

3.1.1 Ermittlung des Free Cash Flow

Der Free Cash Flow (FCF) ist der Betrag, der theoretisch zur Ausschüttung an Dritte, wie beispielsweise an Banken für Tilgungen oder an Eigenkapitalgeber für Dividenden zur Verfügung stünde.[75] Wie bereits erwähnt findet bei der Ermittlung der Free Cash Flows keine Unterscheidung der Kapitalgeber statt, lediglich der Finanzierungs- und Leistungsbereiche. Folglich sind die FCF eines Unternehmens auch bei verschiedenen Kapitalstrukturen identisch. Bei der Berechnung der FCF kann auf eine direkte oder indirekte Methode zurückgegriffen werden. Bei der direkten Methode erfolgt die Ermittlung der FCF durch die Gegenüberstellung aller

---

[75] Vgl. Heesen 2019, S. 277.

zahlungswirksamen Ein- und Auszahlungen des Unternehmens.[76] Wegen dieser sehr zeitintensiven Vorgehensweise empfiehlt der IDW S1 die indirekte Methode[77] nach untenstehendem Schema.

Auch in der Praxis findet meist die in Formel 2 dargestellte indirekte Methode Anwendung. Dabei finden ausgehend vom Jahresüberschuss Bereinigungen um nicht zahlungswirksame Posten statt. Neben der klassischen Free Cash Flow-Berechnung kommen aufgrund der oben geschilderten fiktiven Finanzierungsneutralität noch die Korrekturposten der Fremdkapitalzinsen und des Tax Shields hinzu.[78] Hiermit ist der Dividend der Formel 1 bestimmt. Dieser wird für jede zu berechnender Periode der Detail- und Restwertplanungsperioden angesetzt und jeweils durch den durchschnittlich gewogenen Kapitalkostensatz geteilt.

Handlung	(Korrektur-)Posten
	Jahresüberschuss
+	Fremdkapitalzinsen
-	Steuerersparnis infolge der Abzugsfähigkeit von FK-Zinsen (Tax Shield)
+/-	Abschreibungen/Zuschreibungen
+/-	Aufwendungen/Erträge aus Anlagenabgängen
+/-	Erhöhung/Verminderung der langfristigen Rückstellungen
=	**Brutto Cash Flow**
+/-	Verminderung/Erhöhung des Working Capital
+/-	Desinvestitionen/Investitionen
=	**Free Cash Flow**

Formel 2 - Ermittlung des Free Cash Flow
Quelle: Eigene Darstellung in Anlehnung an IDW S 1 i.d.F. 2008, Tz. 127; Copeland et al. 2002, S. 175; Heesen 2019, 8 f.

3.1.2 Ermittlung des WACC mit Hilfe des CAPM

Der benötigte Diskontfaktor ist ein Mischkalkulationszinssatz, der sich darstellen lässt als die Summe aus den gewogenen Eigen- und Fremdkapitalkosten.[79] Für dessen Berechnung ist demnach die Kapitalstruktur des zu bewertenden

---

[76] Vgl. Heesen 2019, S. 7–10.
[77] Vgl. IDW S 1 i.d.F. 2008, Tz. 127 und 152.
[78] Vgl. IDW S 1 i.d.F. 2008, Tz. 127; Heesen 2019, 8 f.
[79] Vgl. Nestler/Kupke 2003, S. 167.

Unternehmens wesentlich. Außerdem wird innerhalb des WACC dem theoretischen Fehler, der aus der Annahme eines fiktiven vollständig eigenfinanzierten Unternehmens entstanden ist, Sorge getragen, indem der Kapitalkostensatz noch um den Tax Shield-Anteil gekürzt wird.[80] Rechnerisch lässt sich der WACC wie folgt bestimmen.

$$WACC = k_{mitTS} = r_{EK} \times \frac{EK}{GK} + r_{FK} \times \frac{FK}{GK} \times (1 - s)$$

mit:

WACC	= Durchschnittlich gewichteter Gesamtkapitalkostensatz
k_{mitTS}	= Gewogener Gesamtkapitalkostensatz (WACC) mit Tax Shield
r_{EK}	= Renditeerwartung der EK-Geber
EK	= Marktwert des Eigenkapitals
GK	= Gesamtunternehmenswert (EK + FK)
r_{FK}	= Renditeerwartung der FK-Geber
FK	= Marktwert des Fremdkapitals
(1-s)	= Steuerersparnis (Tax Shield)
s	= Unternehmenssteuersatz

Formel 3 - Ermittlung des Weighted Average Cost of Capital
Quelle: Eigene Darstellung in Anlehnung an Copeland et al. 2002, S. 251

Für die Berechnung ist zunächst die in Marktwerten gemessene Kapitalstruktur notwendig. Aus Vereinfachungsgründen werden in der Praxis für den Marktwert des Fremdkapitals der Buchwert des Fremdkapitals aus der Bilanz angesetzt.[81] Bei genauen Betrachten wird deutlich, dass der Marktwert des Eigenkapitals, d.h. der Unternehmenswert, der im Rahmen der Bewertung erst ermittelt werden soll, bereits bei der praktischen Umsetzung des WACC-Ansatzes bekannt sein muss. Es wird hierbei auf die sogenannte Zirkularitätsproblematik gestoßen. In der Praxis kann diese Problematik jedoch ohne Weiteres durch den Gebrauch der Zielkapitalstruktur oder mittels mathematischer Iterationsverfahren gelöst werden. In der Praxis lässt sich dieses Verfahren in wenigen Schritten mittels eines Tabellen-

---

[80] Vgl. IDW S 1 i.d.F. 2008, Tz. 128.
[81] Vgl. Langenkämper 2000, S. 58.

kalkulationsprogramms abbilden.[82] Für die Erörterung der praxisrelevanten Besonderheiten, die sich diesbezüglich bei der Bewertung von Wachstumsunternehmen ergeben, wird hierzu auf die späteren Ausführungen im Kapitelabschnitt 4.3 verwiesen.

Die Renditeforderung der Fremdkapitalgeber (r_{FK}) errechnet sich aus den tatsächlichen Forderungen der Fremdkapitalgeber. Hierzu wird aus den einzelnen zinstragenden langfristigen Verbindlichkeiten des zu bewertenden Unternehmens ein gewichteter durchschnittlicher Kostensatz ermittelt.[83]

Zur Bestimmung der Renditeforderung der Eigenkapitalgeber (r_{EK}) wird die Zuhilfenahme des Capital Asset Pricing Model (CAPM) vorgeschlagen. Die Eigenkapitalkosten sollen getreu dem Opportunitätsgedanken eine angemessene Alternativanlage zur Investition ausdrücken. Demnach errechnen sie sich aus der Summe eines quasi risikolosen Basiszinssatzes und einer unternehmensindividuellen Risikoprämie.[84] Folgende Formel veranschaulicht die Herangehensweise mit ihren Einzelkomponenten:

$$r_{EK} = r_f + (r_m - r_f) \times \beta$$

mit:

r_{EK}	= Renditeerwartung der EK-Geber
r_f	= Risikoloser Basiszins
r_m	= Erwartete Rendite des Marktportfolios
$(r_m - r_f)$	= Marktrisikoprämie
β	= Beta-Faktor
$(r_m - r_f) \times \beta$	= Unternehmensindividuelle Marktrisikoprämie

Formel 4 - CAPM zur Bestimmung der Renditeforderung der Eigenkapitalgeber
Quelle: Eigene Darstellung in Anlehnung an Hayn 2003, S. 429

---

[82] Vgl. Schacht/Fackler 2009, S. 218.
[83] Vgl. Nestler/Kupke 2003, S. 169.
[84] Nestler/Kupke 2003, S. 167.

Der risikolose Basiszinssatz (r_f), der den ersten Summanden darstellt, wird in der Regel aus dem Zinssatz öffentlicher, inländischer Anleihen abgeleitet, die einen festen Laufzeit von zehn oder mehr Jahren besitzen.[85] Als Basiszinssatz empfiehlt IDW derzeit einen Ansatz von gerundet 0,60 Prozent (Stand 1. Juli 2019).[86]

Die unternehmensindividuelle Risikoprämie, die den zweiten Summanden darstellt, ergibt sich aus dem Produkt der Marktrisikoprämie (r_m - r_f) und dem Beta-Faktor (β). Für die Bestimmung der Marktrisikoprämie kann auf die historische Differenz zwischen einem Aktienindex, wie z.B. den EuroStoxx 50, und dem risikolosen Basiszins zurückgegriffen werden.[87] Der Beta-Faktor misst den unternehmerischen Risikobeitrag und Volatilität im Vergleich zum Marktrisiko. Hierbei handelt es sich lediglich um das systematische Risiko, das das allgemeine Marktrisiko widerspiegelt. Demgegenüber wird das unsystematische Risiko nicht durch den Beta-Faktor gemessen, da es durch Portfoliodiversifikation eliminiert bzw. abgemildert werden kann.[88] Mathematisch errechnet sich der Beta-Faktor als Kovarianz zwischen Aktienrendite und Marktportfoliorendite dividiert durch die Varianz des Marktportfolios. Ein positives Beta beschreibt eine gleichgerichtet Renditeänderung der Investition und Marktentwicklung, ein negatives Beta entsprechend eine gegenläufige Renditeentwicklung. Folglich sagt beispielsweise ein Beta-Faktor von 1,5 aus, dass eine Erhöhung der Gesamtmarktrendite um 10 Prozent, einen Anstieg der betrachteten Investition überproportional um 15 Prozent mit sich bringt. Bei einem Betafaktor von 0,5 hingegen würde die Aktie im Vergleich zum Gesamtmarkt lediglich unterproportional um 5 Prozent steigen. Risikolose Anlagen weisen einen Betafaktor von 0 auf.[89]

Durch die Addition der beiden Summanden ist die Renditeforderung der Eigenkapitalgeber bestimmt. Somit ist nach Zusammenführung aller erläuterten Parameter der WACC ermittelt.

---

[85] Vgl. Nestler/Kupke 2003, S. 167.

[86] Vgl. Kleeberg & Partner, zuletzt geprüft am 10.07.2019

[87] Vgl. Wöltje 2017, S. 233; Nestler/Kupke 2003, S. 168.

[88] Vgl. Schacht/Fackler 2009, 212 f.; Nestler/Kupke 2003, S. 168.

[89] Vgl. Wöltje 2017, S. 233; Schacht/Fackler 2009, S. 214.

3.1.3 Ermittlung des Terminal Value

Für die Bestimmung des Terminal Value unterstellt man, dass ein ewiger Rentenbetrag beginnend mit einer bekannten Periode über alle Unendlichkeiten periodisch immer wieder in identischer Höhe zu Stande kommt. Weiterhin wird unterstellt, dass die ewige Rente im Zeitablauf konstant mit einer bestimmten Wachstumsrate (w) wächst oder unverändert bleibt, d. h., eine Wachstumsrate von null aufweist.[90] Der Restwert berechnet sich wie folgt:

$$\text{Restwert}_{\text{FCF,T}} = \frac{\text{FCF}_{\text{T}+1}}{(k_{\text{mitTS}} - w)}$$

mit:

Restwert$_{\text{FCF,T}}$	= Terminal Value, Fortführungswert
FCF	= Erwarteter Free Cash Flow in Periode t
k$_{\text{mitTS}}$	= Gewogener Gesamtkapitalkostensatz (WACC) mit Tax Shield
T	= Endperiode in der Detailprognosephase
W	= Wachstumsrate

Formel 5 - Ermittlung des Terminal Value
Quelle: Eigene Darstellung in Anlehnung an Wöltje 2017, S. 235

Durch die weitere Diskontierung der obigen mit dem WACC ergibt sich der Barwert des Terminal Value, dargestellt als zweiter Summand in Formel 1. Hiermit sind alle Komponenten der AusgangsFormel 1 formelseitig erläutert.

3.2 Entity-Approach auf Basis von Total Cashflows

Die obigen Ausführungen gelten grundsätzlich auch für den Total Cashflow-Ansatz (TCF-Ansatz), der sich vom FCF-Ansatz nur dadurch unterscheidet, dass das Tax Shield statt bei den Kapitalkosten direkt bei der Cashflow-Ermittlung berücksichtigt wird.[91]

---

[90] Vgl. Ernst et al. 2018, S. 39; Heesen 2019, S. 277.
[91] Vgl. Schacht/Fackler 2009, S. 24.

Zur Berechnung des Unternehmenswertes nach dem TCF-Ansatz kann folgende mathematische Formel verwendet werden.

$$EK_{TCF} = \sum_{t=1}^{T} \frac{TCF_t}{(1 + k_{ohneTS})^t}$$

$$+ \frac{TCF_{T+1}}{(k_{ohneTS} - w) \times (1 + k_{ohne\,TS})^T} + N_0 - FK_{MW}$$

mit:

EK_{TCF}	= Marktwert des Eigenkapitals nach der TCF-Methode
TCF	= Erwarteter Total Cash Flow in Periode t
t	= Periode in der Detailprognosephase
k_{ohneTS}	= Gewogener Gesamtkapitalkostensatz (WACC) ohne Tax Shield
T	= Endperiode in der Detailprognosephase
w	= Wachstumsrate
N_0	= Marktwert des nicht betriebsnotwendigen Vermögens
FK_{MW}	= Marktwert des Fremdkapitals

Formel 6 - Unternehmenswert nach der TCF-Methode
Quelle: Eigene Darstellung in Anlehnung an Copeland et al. 2002, S. 176; Born 2003, S. 105; Wöltje 2017, S. 235

Es wird deutlich, dass die obenstehende Formel analog zur Formel 1 des FCF-Ansatzes verstanden werden kann, wobei im Folgenden die Unterschiede in der Verwendung des Cash Flow und Diskontfaktors aufgezeigt werden.

3.2.1 Ermittlung des Total Cash Flow

Der Total Cash Flow steht ebenso allen Kapitalgebern zur Verfügung und kann ausgehend vom Free Cash Flow wie folgt ermittelt werden:

Handlung	(Korrektur-)Posten
	Free Cash Flow
+	Steuerersparnis infolge der Abzugsfähigkeit von FK-Zinsen (Tax Shield)
=	Total Cash Flow

Formel 7 - Ermittlung des Total Cash Flow
Quelle: Eigene Darstellung in Anlehnung an Ballwieser/Hachmeister 2016, S. 141; Smeets 2018, S. 19

Das angegebene Delta tritt somit lediglich in Höhe des sogenanntenTax Shields auf. Beträgt beispielsweise das zu verzinsende Fremdkapital eines Unternehmens EUR 100.000 bei einem jährlichen Zinssatz von 10 Prozent, so sind jährlich EUR 10.000 an Zinsen zu zahlen. Die steuermindernde Abzugsfähigkeit tritt folglich in Höhe von EUR 2.500 zum Vorschein, sofern von einem Steuersatz von 25 Prozent ausgegangen werden kann.

3.2.2 Ermittlung des WACC ohne Tax Shield

Da im Gegenzug zum FCF-Ansatz das Tax Shield bereits im Zähler der Formel 6 Berücksichtigung findet, darf es bei den gewogenen Kapitalkosten nicht zusätzlich berücksichtigt werden. Es muss daher mit den Fremdkapitalkosten vor Steuern gerechnet werden.[92]

$$WACC_{ohneTS} = k_{ohneTS} = r_{EK} \times \frac{EK}{GK} + r_{FK} \times \frac{FK}{GK}$$

mit:

$WACC_{ohneTS}$	= Durchschnittlich gewichteter Gesamtkapitalkostensatz ohne Tax Shield
k_{ohneTS}	= Gewogener Gesamtkapitalkostensatz (WACC) mit Tax Shield
r_{EK}	= Renditeerwartung der EK-Geber
EK	= Marktwert des Eigenkapitals
GK	= Gesamtunternehmenswert (EK + FK)
r_{FK}	= Renditeerwartung der FK-Geber
FK	= Marktwert des Fremdkapitals

Formel 8 - Ermittlung des Weighted Average Cost of Capital ohne Tax Shield
Quelle: Eigene Darstellung in Anlehnung an Schacht/Fackler 2009, S. 224

3.3 Adjusted Present Value-Ansatz

Die dritte Ausprägungsform der Bruttokapitaliserungsverfahren (Entity Approach) ist der APV-Ansatz. Die Basis bilden wie beim FCF-Ansatz die Free Cash Flows. Allerdings erfolgt die Unternehmenswertermittlung in einem mehrstufigem Prozess. Zunächst wird der Marktwert eines vollständig eigenfinanziertes Unternehmen ermittelt. Hierzu werden die Free Cash Flows mit dem risikoäquivalenten Eigenkapitalkostensatz diskontiert. Wegen der Unterstellung einer hypothetischen

---

[92] Vgl. Schacht/Fackler 2009, S. 224.

Eigenfinanzierung wird in einem separaten Schritt der Wertbeitrag des Tax Shields ermittelt. Die isolierte Betrachtung verbirgt den großen Vorteil, dass jede Auswirkung einer Änderung der Kapitalstruktur lediglich das Tax Shield beeinflusst und nicht den Basiswert der diskontierten Cash Flows.[93] Bei einer Aufteilung in Detailprognosephase und Restwertbetrachtung kann der Unternehmenswert folgendermaßen nach dem APV-Ansatz ermittelt werden.

$$EK_{APV} = \sum_{t=1}^{T} \frac{FCF_t}{(1 + r_{EK})^t} + \frac{FCF_{T+1}}{(r - w) \times (1 + r_{EK})^T}$$

$$+ \sum_{t=1}^{T} \frac{s \times r_{FK} \times FK_{t-1}}{(1 + r_{FK})^t} + \frac{s \times r_{FK} \times FK_T}{(r_{FK} - w) \times (1 + r_{FK})^T}$$

$$+ N_0 - FK$$

mit:

EK_{APV}	= Marktwert des Eigenkapitals nach der APV-Methode
FCF	= Erwarteter Free Cash Flow in Periode t
t	= Periode in der Detailprognosephase
r_{FK}	= Renditeerwartung der FK-Geber
r_{EK}	= Renditeerwartung der EK-Geber
T	= Endperiode in der Detailprognosephase
W	= Wachstumsrate
N_0	= Marktwert des nicht betriebsnotwendigen Vermögens
FK	= Marktwert des Fremdkapitals

Formel 9 - Unternehmenswert nach der APV-Methode

Quelle: Eigene Darstellung in Anlehnung an Copeland et al. 2002, S. 176 und Born 2003, S. 105

---

[93] Vgl. Ernst et al. 2018, 29 f.; Schacht/Fackler 2009, S. 225.

3.4 Equity-Approach

Das Gegenstück zu den davor analysierten drei Entity-Verfahren bildet die Nettokapitalisierung, auch als Equity-Verfahren bezeichnet. Wie eingangs im einleitenden Kapitelabschnitt 3 erläutert, erfolgt die Unternehmenswertbestimmung hier in einem direkten Schritt. Ein Zwischenschritt mit der Ermittlung des Gesamtkapitalwert wird umgangen, indem als Basis-Cashflow der Flow to Equity (FTE) verwendet wird. Dieser steht nur den Eigenkapitalgebern zur Verfügung. Ausgehend vom TCF kann der FTE folgendermaßen, korrigiert um alle Fremdkapitalposten, berechnet werden. Hierin ist bereits der Tax Shield berücksichtigt.[94]

Handlung	(Korrektur-)Posten
	Total Cash Flow
-	Zinsen für Fremdkapital
-	Kredittilgungen
+	Kreditneuaufnahmen
=	**Flow to Equity**

Formel 10 - Ermittlung des Flow to Equity
Quelle: Eigene Darstellung in Anlehnung an Wöltje 2017, 245 f.

Beim dem Equity Ansatz erfolgt eine Diskontierung der Flow to Equity-Cashflows mit dem Eigenkapitalkostensatz auf den Bewertungszeitpunkt.[95] Im Folgenden erfolgt eine formelseitige Erläuterung.

---

[94] Vgl. Damodaran 2012, S. 384.
[95] Vgl. Ernst et al. 2018, 30 f.

$$EK_{FTE} = \sum_{t=1}^{T} \frac{FTE_t}{(1 + r_{EK})^t} + \frac{FTE_{T+1}}{(r - w) \times (1 + r_{EK})^T} + N_0$$

mit:

EK_{FTE} = Marktwert des Eigenkapitals nach der FTE-Methode

FTE = Erwarteter Flow to Equity in Periode t

t = Periode in der Detailprognosephase

r_{EK} = Renditeerwartung der EK-Geber

T = Endperiode in der Detailprognosephase

w = Wachstumsrate

N_0 = Marktwert des nicht betriebsnotwendigen Vermögens

Formel 11 - Unternehmenswert nach der FTE-Methode

Quelle: Eigene Darstellung in Anlehnung an Wöltje 2017, S. 246

4 Problemfelder bei der Bewertung von Wachstumsunternehmen

Die DCF-Methoden stellen ein gutes Grundinstrumentarium für die Unternehmensbewertung dar. Jedoch sind auch diese nicht frei von Kritik. Insbesondere findet man in der Literatur mehrere Kritikpunkte bezüglich der Anwendung bei jungen Unternehmen. Viele Autoren vertreten die Meinung, dass DCF-Methoden gänzlich ungeeignet für die Bewertung von Start-up- und Wachstumsunternehmen sind. Auch Copeland et al. kommen im Jahr 2002 zum Entschluss, dass alternative Bewertungsansätze wie beispielsweise der Realoptionsansatz aufgrund seiner Einbeziehung von Flexibilität und Wachstumsaussichten die DCF-Methoden ablösen wird.[96] Doch die Untersuchungen im Rahmen dieser Arbeit ergeben, dass noch heute nach nahezu zwanzig Jahren die DCF-Methoden in der Praxis verbreiteten Einsatz finden.[97] Dennoch ergeben sich getreu der spezifischen Charakteristika, die eingangs im Kapitelabschnitt 2.2.1 hervorgehoben wurden, Besonderheiten, die es bei der Bewertung von Wachstumsunternehmen zu beachten gilt.[98] Dieses Kapitel greift diese bereichsspezifischen Problemfelder auf und prüft auf die Anwendbarkeit der DCF-Methode bei jungen Unternehmen, die hohes Wachstumspotenzial aufweisen. Ausgehend von der in Kapitel 3 dargestellten standardisierten Verfahrensweise einer DCF-Bewertung, muss insbesondere das kennzeichnende Chancen- und Risikoprofil von Wachstumsunternehmen im Bewertungskalkül angemessen berücksichtigt werden.[99]

4.1 Mangelnde Datenbasis

In der Praxis wird als grundsätzliche Problematik die mangelnde Historie von Wachstumsunternehmen angeführt. Für die Schätzung von zukünftigen Cash Flows ist eine umfassende Vergangenheits- und Gegenwartsanalyse des zu bewertenden Unternehmens unumgänglich. Für stark stagnierende Werte, wie z.B. das Net working capital, müssen verlässliche Durchschnittswerte angesetzt werden, die nur aus der Beobachtung eines längeren Zeitraums hervorgehen können. Damodaran führt weiterhin an, dass für die Regression eines verlässlichen Beta-

---

[96] Vgl. Copeland et al. 2002, S. 395.

[97] Vgl. Smeets 2018, S. VI

[98] Vgl. Peemöller 2015, S. 691.

[99] Vgl. Rzepka et al. 2016, S. 311.

Faktors, Aktienrenditewerte mindestens über die vergangenen zwei bis fünf Jahren vorliegen sollten.[100] Ein weiterer Punkt für die Wichtigkeit der Datenbasis ist die Plausibilitätsprüfung in der Praxis. Wird beispielsweise eine zukünftige Wachstumsrate von 60 Prozent geschätzt, wobei die Rate in den vergangenen fünf Jahren z.B. lediglich bei 5 Prozent lag, wird der Analyst höchstwahrscheinlich seine Schätzung auf einen konservativeren Wert anpassen.[101]

Im Gegenzug zu etablierten Unternehmen liegen jedoch aufgrund der kurzen rechtlichen und wirtschaftlichen Existenz selten aussagekräftige Vergangenheitsinformationen vor, die als Datenbasis für die Prognose der zukünftigen Cash Flows herangezogen werden können. Insbesondere sind unter diesen sogenannten „Information constraints" Profitabilitätskennzahlen zu verstehen, wie EBITDA, EBIT oder Jahresüberschuss.[102] Weder von ihrer Branche noch vom Unternehmen selbst liegen umfassende Vergangenheitsdaten vor, um Erkenntnisse bezüglich der Gwinnzyklik, erzielbaren Margen innerhalbe der Branche bzw. über den Trend für Wachstumswerte zu gewinnen.[103] Hayn und Damodaran plädieren daher, dass die Analyse und Ableitung der Vergangenheitserfolgswerte und somit auch ihre Aussagekraft grundsätzlich als gering eingestuft werden sollten.[104] Junge, innovative Wachstumsunternehmen sind aufgrund Ihrer hohen Dynamik starken Wertschwankungen ausgesetzt. Die historischen Daten besitzen bei überproportional wachsenden Unternehmen lediglich für einen kurzen Zeitraum Gültigkeit.[105] Dennoch sollte nicht generell auf eine Vergangenheitsanalyse verzichtet werden, da sie für externe Analysten hilfreich sind, um erste Eindrücke in die spezifische Unternehmenssituation zu gewinnen.[106] Folglich ist es zumindest in Zusammenhang mit Umsatz- und Ertragsgrößen sinnvoller, sich auf die jüngsten Finanzdaten zu konzentrieren. Damodaran empfiehlt das Heranziehen von Ergebnisgrößen aus den letzten zwölf Monaten.

---

[100] Vgl. Damodaran 2000, S. 9.

[101] Vgl. Damodaran 2000, S. 10.

[102] Vgl. Rzepka et al. 2016, S. 311; Damodaran 2012, 637 f.

[103] Vgl. Drach 1999, S. 56.

[104] Vgl. Hayn 2003, 170 f.; Damodaran 2000, S. 22.

[105] Vgl. Hayn 2003, S. 171.

[106] Vgl. Hayn 2003, S. 171.

Aus Vereinfachungsgründen soll diese Vorgehensweise für alle Posten angewendet werden, auch wenn beispielsweise Abschreibungen und Investitionsausgaben nicht starken Schwankungen ausgesetzt sind.[107]

4.2 Prognose zukünftiger Cash-Flows

Der IDW S1 konstatiert, dass das „Kernproblem einer jeden Unternehmensbewertung...die Prognose der finanziellen Überschüsse...“[108] ist.

Wie bereits im Kapitel 3 beschrieben wird bei der Prognostizierung der Cash Flows in der Regel in einem Zwei-Phasenmodell vorgegangen. Es erfolgt bei der Ermittlung des Gesamtkapitals eine Einteilung bzw. Addition von zwei Barwerten: Der Barwert der Detailprognoseperiode (i.d.R. 5-7 Jahre) und der Barwert der Reswertperiode, der auch Endwert oder Terminal Value-Periode genannt wird. Dies erleichtert die Schätzung der angenommenen unbegrenzten Lebensdauer des Unternehmens und zugleich die in der Praxis nicht detailliert planbaren weit in der Zukunft liegenden Zeiträumen.[109] Wegen der geringen Planungssicherheit ist bei Wachstumsunternehmen zu berücksichtigen, dass die Detailplanungsperiode verlängert werden muss. Born empfiehlt hier eine Verlängerung der Detailplanungsphase, wenn noch nach der Planungsperiode ein reales Wachstum unterstellbar ist. Dies ist bei innovativen Wachstumsunternehmen häufig der Fall, wenn zu diesem Zeitpunkt beispielsweise ertragreiche Patente bzw. wesentliche Know-how Vorsprünge vorhanden sind.[110] Als Richtwert kann gelten: Je später die ersten positiven Cashflows auftreten, desto länger sollte die Detailplanungsphase angesetzt werden. In der Praxis werden bei Wachstumsunternehmen oft 5-10 Jahre als Detailplanungsperiode angesetzt.[111]

Ebenso ist eine sorgfältige Bestimmung des Terminal Value bei jungen Unternehmen von besonderer Bedeutung, da ein wesentlicher Teil des Unternehmenswertes von Wachstumsunternehmen erst in der Restwertperiode enthalten ist. Nach Ernst et al. macht der Barwert des Terminal Value oft weit mehr als 50 Prozent des Unternehmenswertes aus. Bei Wachstumsunternehmen kann die Ursache in den

---

[107] Vgl. Damodaran 2000, S. 22.

[108] IDW S 1 i.d.F. 2008, Tz. 68; Behringer 2016, S. 492.

[109] Vgl. Copeland et al. 2002, S. 176.

[110] Vgl. Born 2003, S. 104.

[111] Vgl. Ernst et al. 2018, S. 38; Castedello/Schöniger 2018, S. 166.

hohen Anfangsinvestitionen sowie Forschungs- und Entwicklungskosten liegen, deren Wertvorteil erst im Terminal Value zur Geltung kommt.[112]

Grundsätzlich kann bei Jungunternehmen ein längerfristiges Wachstumspotenzial unterstellt werden, wenn ein Rechtschutz in Form von Patenten oder ein nachhaltiger Wettbewerbsvorteil vorliegt. Es ist jedoch zu beachten, dass Unternehmen, je breiter sie sich im Zeitablauf aufstellen, nicht ewig überproportional wachsen können. Ein Wachstumsunternehmen, dessen Umsatz zunächst um 300 Prozent wuchs, nach einer weiteren Periode um 200 Prozent wuchs, wird in der Folgeperiode höchstwahrscheinlich eine geringere Wachstumsrate aufweisen.[113] Langfristig ist für die Prognoseperiode eine stabile Wachstumsrate zu unterstellen. Die für die Ermittlung des Terminal Value eingesetzte stabile Wachstumsrate sollte laut Damodaran nicht über den in der Bewertung verwendeten risikolosen Basiszinssatz liegen.[114] Born fordert sogar einen Ansatz lediglich in Höhe der Inflationsrate, wobei er hinzufügt, dass bei Unternehmen mit überragendem, langfristigen Wachstumspotenzial durchaus Ausnahmen in der Praxis möglich sind.[115]

Hinsichtlich der Cash-Flow-Prognose von jungen Unternehmen stehen die klassischen DCF-Methoden häufig in der Kritik wegen ihrer Annahme eines statischen Entwicklungspfades. Es wird angenommen, dass die bei der Planung angenommenen Investitionen ohne Änderungen durchgeführt werden. Jedoch kann das Management im Laufe der Zeit sich darauf berufen, geplante Investitionen und Entscheidungen zu verschieben oder gar abzubrechen.[116] Die fehlende Berücksichtigung dieser Handlungsspielräume des Managements klammert einer der spezifischen Charakteristika von Wachstumsunternehmen „Hohe Dynamik" aus dem Kapitelabschnitt 2.2.1 gänzlich ab. Um die in den bisherigen Ausführungen beschriebene Volatilität, Starrheit und Unsicherheit der Cash Flows einzugrenzen, eignet sich insbesondere bei jungen Unternehmen eine Szenarioanalyse als hilfreiches Kontrollinstrumentarium. Hierbei werden wertbestimmende Faktoren, die auch als Value Drivers bekannt sind, definiert. Als Cash-Flows-bezogene Werttreiber können beispielsweise Umsätze, Kosten oder Einflüsse zukünftig geplanter Investitionen herangezogen werden. Die Festlegung verschiedener Grundannahmen

---

[112] Vgl. Ernst et al. 2018, S. 39.

[113] Vgl. Damodaran 2000, S. 23.

[114] Vgl. Damodaran 2012, S. 308.

[115] Vgl. Born 2003, 104 f.

[116] Vgl. Hayn 2003, S. 267; Rudolf/Witt 2002, S. 204.

anhand dieser Werttreiber führen folglich zu unterschiedlichen Szenarien. Die einzelnen Szenarien werden bei der Berechnung mit Eintrittswahrscheinlichkeiten gewichtet. Praxisrelevant sind typischerweise drei Fälle, ein Base-, ein Best- und ein Worst Case. Der Base Case gibt die wahrscheinlichste Erwartung wieder. Der Best Case bildet eine sehr optimistische Entwicklung ab. Im Gegenzug gibt der Worst Case eine sehr pessimistische Entwicklung wieder. Bei jungen Wachstumsunternehmen wird empfohlen mit der Betrachtung in der fernen Zukunft bei mindestens zehn bis 15 Jahren zu beginnen, wenn sich die anfangs volatilen Wachstumsraten relativiert haben und die der branchenähnlichen Industriezweigen ähneln.[117] Durch die Anwendung von Eintrittswahrscheinlichkeiten können subjektive Beurteilungen nicht vermieden werden. Daher ist für die Szenarioanalyse weiterhin zu empfehlen, Experten aus verschiedenen Funktionsabteilungen des Unternehmens zu beteiligen, um möglichst objektive Erfahrungswerte und Einschätzungen zu erheben.[118] Die Szenarioanalyse hat den Vorteil, dass Änderungen in den Einschätzungen relativ einfach durch die Veränderung der Wahrscheinlichkeitsgewichtungen erfolgen kann.

4.3 Dynamische Zielkapitalstruktur

Die DCF-Methoden basieren aus Vereinfachungsgründen auf bestimmte Annahmen. Diese geben jedoch Diskussionsgrund bei der Anwendung, da sie das Realitätsbild verzerren können. Wie bereits im Kapitelabschnitt 3.1.2 angedeutet, besteht bei der Ermittlung des WACC das sogenannte Zirkularitätsproblematik. Der Marktwert des Eigenkapitals, der aus der Unternehmenswertfindung resultieren soll, wird bereits für die Bestimmung des WACC benötigt. In der Literatur werden verschiedene Lösungsvorschläge zur Auflösung dieser Problematik gegeben.[119]

Meist wird der Gebrauch einer Zielkapitalstruktur, die auch als unternehmenswertorientierte Finanzierungsstrategie bezeichnet, vorgeschlagen. Hierzu muss die gegenwärtige Kapitalstruktur des zu bewertenden Unternehmens analysiert werden. Für die Eigen- und Fremdkapitalwerte werden bei der Berechnung nur die relativen Verhältniswerte angesetzt. Eine Kenntnis der absoluten Größenwerte ist somit nicht mehr notwendig. Diese Vorgehensweise setzt allerdings voraus, dass die zu Bewertungsbeginn festgelegte Kapitalstruktur während des gesamten

---

[117] Vgl. Born 2003, 82 f.; Wirtz/Salzer 2013, S. 247.

[118] Vgl. Born 2003, 82 f.; Ernst et al. 2018, S. 91.

[119] Vgl. Peemöller 2015, S. 690.

Planungszeitraumes konstant beibehalten werden muss. Diese Prämisse einer konstanten Zielkapitalstruktur erscheint jedoch in der Praxis fragwürdig, da Start-up und Wachstumsunternehmen gerade in ihren frühen Lebensphasen aufgrund ihrer Expansionsstrategie einen hohen Kapitalbedarf haben. Dies würde bedeuten, dass bei jeder Kapitalerhöhung gleich hohe Eigen- und Fremdkapitalanteile aufgenommen werden müssen, um die Zielkapitalstruktur nicht zu verändern. Jedoch sind junge Unternehmen wegen ihres hohen Risikoniveaus vorwiegend auf private Investoren, wie beispielsweise Private Equity-Investoren, Venture Capital-Beteiligungsgesellschaften oder Business Angels, angewiesen. Des Weiteren kann es im Zeitablauf durch Marktwertänderungen von Kapitalanteilen oder Strategienwechsel in der Finanzierungspolitik zu einem Korrekturbedarf der Kapitalstruktur führen. Aus diesen Gründen kann es in der Bewertungspraxis mit hoher Wahrscheinlichkeit zu Unterschieden zwischen realer und Zielkapitalstruktur und somit zu Verzerrungen bei der Unternehmenswertfindung kommen. Folglich ist das Heranziehen einer Zielkapitalstruktur bzw. einer unternehmenswertorientierten Finanzierungsstrategie als Lösung des Zirkularitätsproblems grundsätzlich geeignet, jedoch nicht für die Wertfindung von Wachstumsunternehmen zu empfehlen.[120]

Der methodisch korrekte Ansatz zur Eliminierung des Zirkularitätsproblems ist daher die Anwendung eines mathematischen Iterationsverfahrens. Ausgehend vom Buchwert des Eigenkapitals wird Schritt für Schritt der Marktwert des Eigenkapitals ermittelt. Im ersten Schritt wird anhand eines geschätzten Unternehmenswerts zunächst relativ ungenaue Kapitalkosten ermittelt, die dann wiederum als Basis für eine erneute Ermittlung des Unternehmenswerts dienen. Dieser Vorgang wird demnach so oft wiederholt, bis die festzustellende Veränderung der Parameter eine zuvor festgelegten Toleranzschwelle nicht mehr überschritten wird. Hiermit wird sich langsam an den „korrekten" Unternehmenswert angenähert.[121] Dieses Verfahren lässt sich in der Praxis in wenigen Schritten mittels eines Tabellenkalkulationsprogramms abbilden.[122] Heesen argumentiert, dass dieser Lösungsansatz ebenso als der theoretisch richtige Ansatz gesehen werden kann.[123]

---

[120] Vgl. Heesen 2019, S. 307; Peemöller 2015, S. 690.
[121] Vgl. Heesen 2019, S. 307.
[122] Vgl. Schacht/Fackler 2009, S. 218.
[123] Vgl. Heesen 2019, S. 307.

4.4 Differenziertes Chancen- und Risikoprofil

Es ist kein neues Phänomen, dass Wachstumsunternehmen hohe Verluste einfahren, um im Gegenzug vom hohen Wachstumspotenzial profitieren und sich am Markt breit aufstellen zu können. Diverse Studien bestätigen ebenso, dass Startups in den letzten Jahren tatsächlich schneller wachsen. Ebenso zeigte sich, dass ihr schnelles Wachstum trotz der hohen Verluste als positiv für den späteren Börsengang war. Um die Schnelligkeit des Wachstums zu messen, untersuchten die Studienautoren 1125 Unternehmen, die im bzw. ab dem Jahr 2000 gegründet wurden. Dabei wurde die Marktkapitalisierung dieser Unternehmen durch die Anzahl der Jahre seit ihrer Gründung dividiert. Dadurch resultierte der für die Studie relevante Key Performer Indicator „Time to Market Cap". Bei nicht-börsennotierten Unternehmen kann anstatt der Marktkapitalisierung der Wert der jüngsten Venture-Capital-Finanzierungsrunde genutzt werden.[124] Beispielsweise weist die deutsche Startup-Direktbank N26, das vor sechs Jahren gegründet wurde und nun einen Wert von 3,1 Milliarden Euro[125] hat, eine höhere Time to Market Cap auf als die ING-Direktbank, die vor 35 Jahren gegründet wurde und als die größte Direktbank Deutschlands gilt.[126] Es zeigt sich, dass die Geschwindigkeit des Wachstums relevant bei der Bewertung ist. Je höher der Time to Market Cap eines Unternehmens ist, desto negativer korreliert ihr Chancenprofil mit ihrem Risikoprofil. Die Chancenprofile zeigen, dass heutige Wachstumsunternehmen stark mit dem Internet als technisches Medium verbunden, welches Markteintrittsbarrieren vermindert. Gleichzeitig entstehen viele Arbeitsplätze. Ebenso gewinnen sie an Potenzial durch das Vorantreiben neuester Technologien.[127] Ausgehend von der im Grundlagenkapitel 2.2.2 dargestellten Lebenszyklusphasen von Wachstumsunternehmen kann das Verhältnis der Gewinn/Verlust- und Risikoerwartung wie folgt dargestellt werden.[128]

---

[124] Vgl. Harvard Business Manager 2016, S. 8.

[125] Vgl. Schneider 2019, zuletzt geprüft am 23.08.2019.

[126] Vgl. ING-DiBa 2018, S. 2.

[127] Vgl. Adams/Rudolf 2005, 194 f.

[128] Vgl. Damodaran 2009, S. 4.

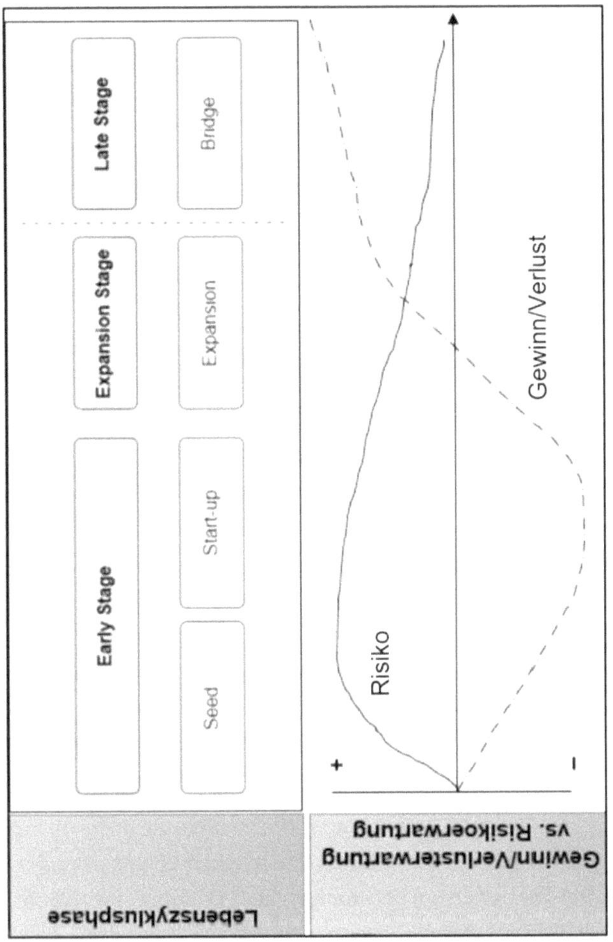

Abbildung 6 - Ergebniserwartung vs. Risikoerwartung
Quelle: Eigene Darstellung in Anlehnung an Damodaran 2009, S. 4

Wie aus der Abbildung ablesbar, sind die Anfangsphasen mit sehr hohem Risiko und gleichzeitig mit hohen Verlusten konfrontiert.[129] Unternehmen, die trotz neben negativer Ergebnisse nicht aus dem Markt ausscheiden, werden oft als „Zombie-Unternehmen" bezeichnet. Die Creditreform Wirtschaftsforschung bezifferte in einer deutschlandweiten Studie den Anteil dieser Unternehmen im Jahre 2018 mit

---

[129] Vgl. Wirtz/Salzer 2013, S. 247.

6,8 Prozent.[130] Diese hohe Unsicherheit in den Anfangsphasen kann durch kein Bewertungskalkül eliminiert werden.[131] In der Praxis ist es daher üblich, zumindest Teile des unternehmerischen Risiken im Diskontierungszinsfaktor aufzunehmen in Form einer erhöhten Renditeforderung. Diese Variante wird auch als Risikozuschlagsmethode bezeichnet. Eine zweite Möglichkeit besteht in einem Risikoabschlag vom Erwartungswert der Cashflows. Diese Variante ist auch als Sicherheitsäquivalentmethode bekannt. Es gilt jedoch zu beachten, dass der IDW mit dem Praxishinweis 1/2014 Regelungen trifft, sodass Risikozu- und abschläge nur begrenzt möglich sind.[132]

4.5 Fehlende Flexibilitätsberücksichtigung

Wie bereits im Kapitelabschnitt 4.2 erörtert, wird die Berücksichtigung des dynamischen Umfelds von Wachstumsunternehmen sowie die Flexibilität in den klassischen DCF-Methoden ausgeklammert. Daher müssen die DCF-Methoden modifiziert bzw. erweitert werden. Neben der Szenarioanalyse kann für die Berücksichtigung der Dynamik die Sensitivitätsanalyse herangezogen werden. Bei der Sensitivitätsanalyse werden Cashflow-relevante Inputvariablen variiert, um die Ausmaße der Auswirkungen auf die Outputvariablen darzustellen. So zeigt beispielsweise die Analyse, wie sich eine einprozentige Steigerung oder Verringerung des Werttreibers Umsatzwachstumsrate auf den Unternehmenswert auswirkt. Doch die Voraussetzung für die Berechnung ist, dass die Inputvariablen lediglich unabhängig voneinander, d.h. ceteris paribus, betrachtet werden können.[133]

Abhilfe hierfür können Monte Carlo-Simulationen schaffen, die mehrere Inputvariablen gleichzeitig, d.h. nicht ceteris paribus, beobachten können. Bei der Monte Carlo-Simulation handelt es sich um ein numerisches Verfahren einer wiederholten Zufallsstichprobe bei vorgegebenen Wahrscheinlichkeitsverteilungen. Durch diese Erweiterung der DCF-Methoden lassen sich demnach auch die Interdependenzen zwischen den Inputvariablen darstellen.[134]

Flexibilität kann auf verschiedene Weisen bewertet werden. Schwartz und Moon entwickelten hierfür eine modifizierte Variante des Discounted Cashflow-Modells,

---

[130] Vgl. Creditreform Wirtschaftsforschung 2018, S. 2.

[131] Vgl. Wirtz/Salzer 2013, S. 247.

[132] Vgl. Rzepka et al. 2016, S. 314.

[133] Vgl. Hayn 2003, S. 267–269.

[134] Vgl. Weisheit et al. 2019, S. 1277; IACVA-Arbeitskreis 2011, S. 17.

das explizit die Unsicherheit der zukünftigen Cash-Flows und Kosten als bewertungsrelevante Parameter berücksichtigt.[135] Es handelt sich hierbei um ein Dreifaktor-Simulationsmodell, das auf der geometrischen Brownsche Bewegung beruht. Die drei untersuchten Werttreiber sind Umsatzveränderungen, erwartete Umsatzveränderungen und variable Kosten.[136] In der Praxis stößt dieses theoretische Modell bei der Anwendung an seine Grenzen und erweist sich als sehr komplex. Im Rahmen dieser Untersuchung wird für die Bewertung junger Unternehmen ein in Vergessenheit geratenes Instrument empfohlen. Die flexible Planung ist ein relativ einfaches Entscheidungsbaumverfahren, das als Grundlage für die Bewertung im mehrperiodigen Fall dient. Durch Rückwärtsinduktion von Wenn-Dann-Plänen, die auch als Eventualpläne bezeichnet werden, können auf Basis von Realoptionen die Barwerte ermittelt werden.[137]

4.6 Erhöhtes Insolvenzrisiko

Unternehmen agieren grundsätzlich in einem unsicheren Umfeld. Die möglichen Handlungsalternativen können nicht im Voraus genau bestimmt werden, sondern nur approximativ prognostiziert werden. Der unsichere Charakter der künftigen unternehmensindividuelle Entwicklung muss bei der Bewertung miteinbezogen werden. Jedoch klammern beispielsweise die Substanz- und Liquidationsmethoden, aber auch in der betrieblichen Praxis oft genutzte Verfahren, wie z.B. die Multiplikatormethoden die unternehmensspezifische Unsicherheit bei der Betrachtung aus. Erstere konzentrieren sich im Wesentlichen nur auf Vergangenheitsdaten. Die Multiplikatormethoden fokussieren lediglich auf Markterwartungen der gewählten Branchenunternehmen.[138] Im Gegenzug hierzu, gilt es zu beachten, dass bei allen Varianten der DCF-Methoden die zukünftige Cash Flow-Schwankungen durchaus Berücksichtigung finden. Dies erfolgt in Form von Diskontierung erwarteter Zahlungsmittelzuflüsse, die unmittelbar stochastischen Einflüssen unterliegen. An dieser Stelle soll jedoch ergänzt werden, dass abhängig vom Bewertungszweck die Vernachlässigung einer Risikobetrachtung durchaus vertretbar ist. Beispielsweise sind bei einer Liquidation eines Unternehmens keine künftigen

---

[135] Vgl. Crasselt et al. 2018, S. 106.

[136] Vgl. Rudolf/Witt 2002, S. 264Adams/Rudolf 2005.Adams/Rudolf 2005.Adams/Rudolf 2005.Adams/Rudolf 2005.Adams/Rudolf 2005Adams/Rudolf 2005.Adams/Rudolf 2005.Adams/Rudolf 2005

[137] Vgl. Rudolf/Witt 2002, S. 217.

[138] Vgl. Kehrel 2011, S. 372.

Handlungsalternativen und Zahlungsmittelzuflüsse mehr zu erwarten. Doch soll im Weiteren vom Regelfall eines generellen Fortbestandes des Unternehmens für einen unbegrenzten Zeitraum ausgegangen werden. Diese Annahme wird im IDW S1 auch als „Grundsatz der Unternehmensfortführung (Going concern)" gekennzeichnet.[139] Demnach wird, wie in den vorherigen Kapiteln beschrieben, im Phasenmodell die zweite Bewertungsphase durch eine ewige Rente dargestellt.

Darüberhinausgehend scheint es logisch, dass ein ewig andauernder Unternehmensbestand als eher unwahrscheinlich anzusehen ist. So sind nach Kehrel auf Möglichkeiten einer Existenzgefährdung und den somit einhergehenden Totalausfall der erwarteten Mittelzuflüsse zu prüfen. Dieses Phänomen einer möglichen Existenzgefährdung legt sich im sogenannten Insolvenzrisiko des Unternehmens nieder.[140]

Aufgrund der Abhängigkeit von Eigentümerersparnissen, Risikokapital und Kapital von Privatinvestoren, sind junge Wachstumsunternehmen anfällig für existenzgefährdete Ereignisse.[141] Empirische Resultate diverser Studien zeigen, dass das Insolvenzrisiko insbesondere bei jungen Unternehmen signifikant hoch ist und folglich explizit im Bewertungskalkül berücksichtigt werden sollte.[142] Wie der Abbildung 7 entnehmbar, gab es In Deutschland im Jahre 2019 insgesamt 19.900 Unternehmensinsolvenzen (Vorjahr: 20.140). Dies bedeutet ein Rückgang von 1,2 Prozent zum Vorjahr. Gegenüber dem Höchststand 2003 mit 39.470 Unternehmensinsolvenzen bedeutet dies ein Rückgang von 50 Prozent. Jedoch ist zu beobachten, dass der Rückgang sich in den letzten Jahren deutlich abgeschwächt hat. Die Creditreform Wirtschaftsforschung konstatiert, dass die eingetretene Wachstumsverlangsamung die Insolvenzzahlen wieder erhöhen können. Dies wird ebenso deutlich durch die Erwirtschaftung fortwährender Verluste einiger Unternehmen in den letzten Jahren.[143]

---

[139] Vgl. Kehrel 2011, S. 372; IACVA-Arbeitskreis 2011, S. 14

[140] Vgl. Kehrel 2011, S. 372.

[141] Vgl. Damodaran 2009, S. 2.

[142] Vgl. Damodaran 2009, S. 2; Kehrel 2011, S. 373.

[143] Vgl. Creditreform Wirtschaftsforschung 2018, 1 f. i.V.m. Statista 2019, zuletzt geprüft am 31.07.2019.

	Gesamt-insolvenzen		Unternehmens-insolvenzen		Verbraucher-insolvenzen		sonstige Insolvenzen	
2009	162.870	+ 4,5%	32.930	+ 11,3%	100.790	+ 2,4%	29.150	+ 4,6%
2010	169.840	+ 4,3%	32.060	- 2,6%	109.960	+ 9,1%	27.820	- 4,6%
2011	159.580	- 6,0%	30.120	- 6,1%	103.250	- 6,1%	26.210	- 5,8%
2012	150.810	- 5,5%	28.720	- 4,6%	98.050	- 5,0%	24.040	- 8,3%
2013	141.590	- 6,1%	26.120	- 9,1%	91.360	- 6,8%	24.110	+ 0,3%
2014	135.020	- 4,6%	24.030	- 8,0%	86.460	- 5,4%	24.530	+ 1,7%
2015	127.570	- 5,5%	23.180	- 3,5%	80.220	- 7,2%	24.170	- 1,5%
2016	122.590	- 3,9%	21.560	- 7,0%	77.260	- 3,7%	23.770	- 1,7%
2017	115.710	- 5,6%	20.140	- 6,6%	71.960	- 6,9%	23.610	- 0,7%
2018 *)	112.000	- 3,2%	19.900	- 1,2%	68.600	- 4,7%	23.500	- 0,5%

*) von Creditreform geschätzt

Abbildung 7 - Gesamtinsolvenzen in Deutschland (2009-2018)
Quelle: Entnommen aus Creditreform Wirtschaftsforschung 2018, S. 1

Betrachtet man diese Entwicklung auf Ebene des Unternehmensalters wird deutlich, dass die Insolvenzfälle älterer Unternehmen, wie beispielsweise bei 19 bis 20 Jahre alten Unternehmen (+12,5 Prozent) und über 20 Jahre alten Unternehmen (+10,3 Prozent) vom Jahr 2018 im Vergleich zum Vorjahr signifikant zunehmen (siehe Abbildung 8). Dem Gegenüber sind die Insolvenzzahlen jüngerer Unternehmen deutlich rückläufig. Beispielsweise ist bei bis zwei Jahre alten Unternehmen ein deutlicher Rückgang von rund 26 Prozent und bei bis vier Jahre alten Unternehmen ein Rückgang von rund 6 Prozent zu verzeichnen. Letzteres Phänomen könnte auf die verbesserten Finanzierungsmöglichkeiten in den letzten Jahren zurückgeführt werden. [144] Im Zuge des anhaltenden Niedrigzinsumfeldes ist eine vermehrte Kapitalinvestition risikobehafteter Start-ups zu beobachten mit dem Ziel höhere Renditen erwirtschaften zu können. Neben Venture Capital-Gesellschaften beteiligen sich auch etablierte deutsche Industrie- und Dienstleistungsunternehmen als Kapitalgeber, um von den lukrativen Investitionsgelegenheiten profitieren zu können.[145] Laut einer Studie von Ernst & Young waren approximativ 49 Prozent der nicht-börsennotierten Start-up-Exits in Deutschland im Jahre 2017 nationalen und internationalen Unternehmen zuzuschreiben, welche vorwiegend in technologie-basierte Wachstumsunternehmen investierten.[146]

---

[144] Vgl. Creditreform Wirtschaftsforschung 2018, 5 f.
[145] Vgl. Bundesverband Deutsche Startups, zuletzt geprüft am 23.07.2019; Rzepka et al. 2016, S. 311
[146] Vgl. Ernst & Young, S. 19.

	absolut	%-Anteil	%-Veränderung zum Vorjahr
0 bis 2 Jahre	1.690 (2.290)	8,5 (11,4)	- 26,2
3 bis 4 Jahre	2.620 (2.780)	13,2 (13,8)	- 5,8
5 bis 6 Jahre	2.360 (2.440)	11,9 (12,1)	- 3,3
7 bis 8 Jahre	2.010 (2.090)	10,1 (10,4)	- 3,8
9 bis 10 Jahre	1.710 (1.630)	8,6 (8,1)	+ 4,9
11 bis 12 Jahre	1.350 (1.390)	6,8 (6,9)	- 2,9
13 bis 14 Jahre	1.290 (1.290)	6,5 (6,4)	+/- 0,0
15 bis 16 Jahre	1.130 (910)	5,7 (4,5)	+ 24,2
17 bis 18 Jahre	860 (910)	4,3 (4,5)	- 5,5
19 bis 20 Jahre	810 (720)	4,1 (3,6)	+ 12,5
über 20 Jahre	4.070 (3.690)	20,5 (18,3)	+ 10,3

( ) = Vorjahresangaben

Abbildung 8 - Insolvenzen nach Unternehmensalter 2018 vs. 2017

Quelle: Entnommen aus Creditreform Wirtschaftsforschung 2018, S. 6

Losgelöst von der generellen positiven Entwicklung kann jedoch grundsätzlich nicht geleugnet werden, dass mehr als die Hälfte aller Insolvenzanmeldungen Unternehmen zuzuschreiben sind, die höchstens zehn Jahre alt waren (siehe Abbildung 9).[147] Getreu der Definition von DSM aus Kapitelabschnitt 2.2.1 sind im Wesentlichen hiervon die im Rahmen dieser Arbeit behandelten Start-ups bzw.

---

[147] Vgl. Creditreform Wirtschaftsforschung 2018, S. 5.

Wachstumsunternehmen betroffen. Der Anteil dieser Unternehmen an den Gesamtunternehmensinsolvenzen ist anhand des linken Balkendiagramms der folgenden Abbildung 9 ablesbar. Im Jahr 2018 betrug dieser Anteil 52,2 Prozent mit einem Rückgang zum Vorjahr von rund 4 Prozent.

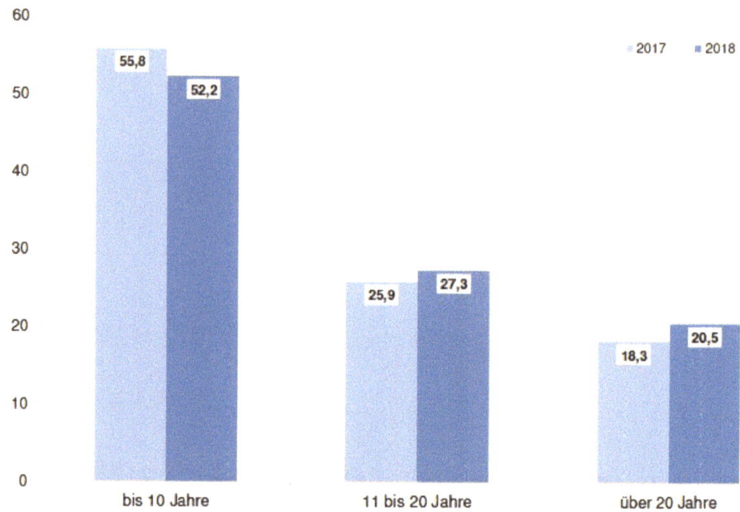

Abbildung 9 - Anteil der Start-up-Insolvenzen 2018 vs. 2017
Quelle: Entnommen aus Creditreform Wirtschaftsforschung 2018, S. 5

Durch das Auftreten von Unternehmensinsolvenzen wird der normale Ablauf unternehmerischer Tätigkeiten schlagartig gefährdet und führt zur Beendigung. Um folglich den Einfluss des Insolvenzrisikos zu messen, können zwei Faktoren herangezogen werden, der Zeitpunkt der Insolvenz und die Höhe des Kalkulationszinsfußes. Hierzu werden im Zeitablauf die Deltas betrachtet, die sich aus dem Ansatz eines Insolvenzzeitpunktes als Gesamtlebensdauer im Vergleich zum Ansatz einer ewigen Rente ergeben.[148] Die dabei entstehenden Unternehmenswertdifferenzen werden im Folgenden dargestellt.

---

[148] Vgl. Kehrel 2011, S. 373.

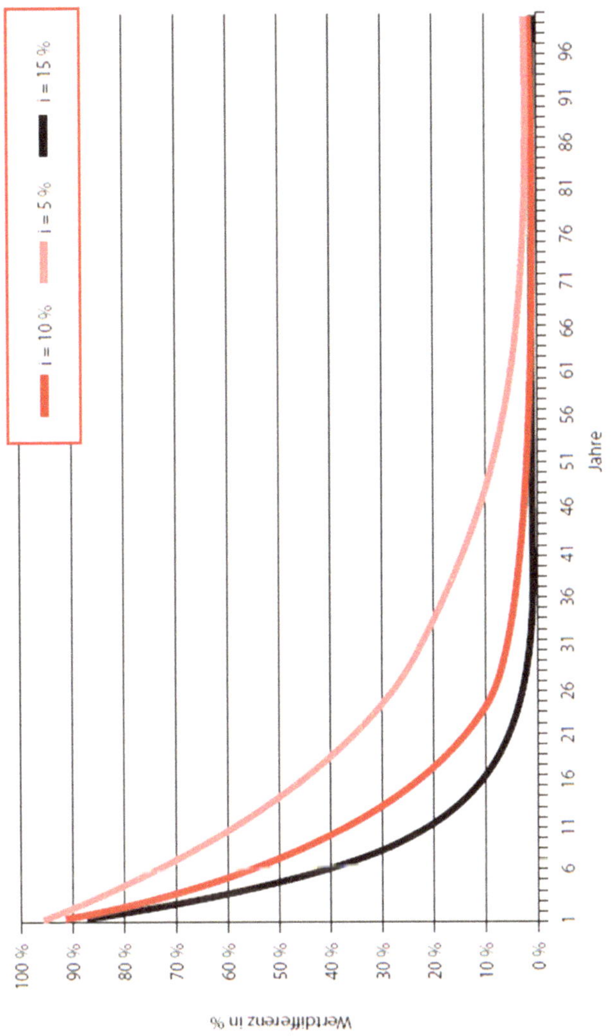

Abbildung 10 - Wertdifferenz zum Ansatz Insolvenzfall vs. Ewige Rente
Quelle: Entnommen aus Kehrel 2011, S. 373

Die graphische Darstellung zeigt deutlich, dass die Unternehmenswertdifferenzen im Zeitablauf abnehmen. Folglich ist die Auswirkung eines Insolvenzfalls geringer, je weiter er in der Zukunft liegt. Zusätzlich lässt sich in Abhängigkeit des Kalkulationszinsfußes schlussfolgern, dass mit Zunahme des Zinssatzes die Wertdifferenzen stärker abnehmen. Letzteres geht mit der Konzipierung der Kapitalwertmethode einher. Basierend auf diesen Beobachtungen lässt sich schlussfolgern, dass ein Insolvenzfall in den ersten Jahren bei jungen Wachstumsunternehmen fatale Bewertungsfolgen haben kann. Die obigen Ausführungen zeigen ebenfalls, dass neben dem Insolvenzzeitpunkt ist die unternehmensindividuelle Insolvenzwahrscheinlichkeit von Bedeutung ist.[149] Nach Kehrel kann als Anhaltspunkt für die Anfälligkeit zur Insolvenz hierfür die von Ratingagenturen empirisch erhobenen, kumulierten Ausfallwahrscheinlichkeiten dienen.[150] In Abbildung 11 können die respektiven Werte der Jahre 1981 bis 2018 von Standard & Poor's entnommen werden. Für eine ausschließliche Betrachtung deutscher Unternehmen kann der Bonitätsindex 2.0 herangezogen werden.[151]

---

[149] Vgl. IACVA-Arbeitskreis 2011, S. 14; Kehrel 2011, S. 373.
[150] Vgl. Kehrel 2011, S. 374; Castedello/Schöniger 2018, S. 167.
[151] Vgl. Creditreform Wirtschaftsinformationen, S. 7; IACVA-Arbeitskreis 2011, S. 22

(%)	--Time horizon (years)--														
Rating	1	2	3	4	5	6	7	8	9	10	11	12	13	14	15
AAA	0.00	0.03	0.13	0.24	0.35	0.45	0.51	0.59	0.65	0.70	0.73	0.76	0.79	0.85	0.92
AA	0.02	0.06	0.12	0.22	0.32	0.42	0.51	0.59	0.66	0.73	0.80	0.86	0.92	0.98	1.04
A	0.06	0.14	0.23	0.35	0.49	0.63	0.81	0.96	1.12	1.28	1.43	1.57	1.71	1.83	1.98
BBB	0.17	0.46	0.80	1.22	1.64	2.05	2.41	2.76	3.11	3.44	3.79	4.06	4.32	4.59	4.87
BB	0.65	2.01	3.63	5.25	6.78	8.17	9.36	10.43	11.38	12.22	12.92	13.56	14.13	14.63	15.17
B	3.44	7.94	11.86	14.95	17.33	19.26	20.83	22.07	23.18	24.21	25.08	25.73	26.31	26.87	27.43
CCC/C	26.89	36.27	41.13	43.94	46.06	46.99	48.20	49.04	49.80	50.44	50.96	51.51	52.16	52.72	52.80
Investment grade	0.09	0.25	0.43	0.66	0.90	1.14	1.36	1.56	1.77	1.96	2.16	2.32	2.48	2.63	2.80
Speculative grade	3.66	7.13	10.12	12.56	14.55	16.18	17.55	18.69	19.70	20.62	21.39	22.02	22.60	23.13	23.65
All rated	1.48	2.91	4.16	5.21	6.08	6.82	7.44	7.97	8.44	8.88	9.26	9.58	9.87	10.13	10.41

Abbildung 11 - Kumulierte, durchschnittliche Ausfallwahrscheinlichkeiten von 1981 bis 2018 (in Prozent)

Quelle: Entnommen aus Standard & Poor's Global 2019, S. 58

Abbildung 11 zeigt die kumulierten, durchschnittlichen Ausfallraten für einen Planungszeitraum von 15 Jahren. Beispielsweise würde demnach ein mit „BBB" bewerteter Kredit mit einer Laufzeit von 5 Jahren mit einer Wahrscheinlichkeit von 1,64 Prozent p.a. ausfallen. Unternehmen mit der Ratingklassenzugehörigkeit „AAA" weisen im gesamten Planungshorizont eine Ausfallwahrscheinlichkeit unter 0 auf. Dies steht mit der bereits erwähnten Beobachtung im Einklang, dass für diese Gruppe von Unternehmen unter bestimmten Bewertungsanlässen die Berücksichtigung der Insolvenzwahrscheinlichkeit im Bewertungskalkül vernachlässigt werden kann. Des Weiteren zeigen die Daten deutlich, dass mit abnehmender Ratingklasse die durchschnittlichen Ausfallwahrscheinlichkeiten stark zunehmen. Bereits ab den mittleren Ratingklassen würde eine fehlende Berücksichtigung des Insolvenzrisikos zu hohen Wertdifferenzen im Sinne der Abbildung 10 führen. Somit gewinnt mit abnehmender Ratingklassenbereiche der Einbezug von Insolvenzwahrscheinlichkeiten an Bedeutung. Bei jungen Wachstumsunternehmen kann tendenziell aufgrund der hohen Risiken mit schlechteren Ratingklassenzugehörigkeiten ausgegangen werden.[152] Somit ist für diese Unternehmensgruppen eine Modifizierung des DCF-Bewertungskalküls unabdingbar. In der Praxis sind meist keine unternehmensindividuelle Ratinginformationen für Start-ups zu finden. In diesem Fall empfiehlt Kehrel auf branchenspezifische Ratinginformationen zurückzugreifen. Auch wenn diese Empfehlung lediglich eine Näherungsgröße darstellt, kann diese durchaus als legitim angesehen werden, wenn die Gruppe der Vergleichsunternehmen die ähnlichste betriebswirtschaftliche Struktur aufweisen. Die Strukturähnlichkeit kann hierbei im Rahmen von Key Performer Indicators geprüft und beurteilt werden, die die Vermögens-, Finanz- und Ertragslage aus den Jahresabschlüssen der Unternehmen wiederspiegeln. Aus diesen einzelnen zur Verfügung stehenden Ausfall- bzw. Insolvenzwahrscheinlichkeiten kann folglich der arithmetische Mittelwert als unternehmensindividuelle Insolvenzwahrscheinlichkeit für das zu bewertende Wachstumsunternehmen angesetzt werden.[153]

Bei einer jährlich konstanten Insolvenzwahrscheinlichkeit von p beträgt die Überlebenswahrscheinlichkeit des betreffenden Unternehmens (1 - p). Für das Folgejahr gilt dementsprechend eine Überlebenswahrscheinlichkeit von $(1 - p)^2$.

---

[152] Vgl. Kehrel 2011, 374 f.; IACVA-Arbeitskreis 2011, S. 16.
[153] Vgl. Damodaran 2000, S. 28; Kehrel 2011, S. 376.

Somit kann die im Kapitelabschnitt 3.1 erläuterte Entityverfahrensformel nach Modifizierung um Insolvenz- bzw. Überlebenswahrscheinlichkeiten folgendermaßen verwendet werden.[154]

$$EK_{FCF} = \sum_{t=1}^{T} \frac{FCF_t}{(1 + k_{mitTS})^t}$$

$$+ \frac{FCF_{T+1} \times (1 - p)}{k_{mitTS} - w + p \times (1 + w)} + N_0 - FK_{MW}$$

mit:

EK_{FCF}	= Marktwert des Eigenkapitals nach der FCF-Methode
FCF	= Erwarteter Free Cash Flow in Periode t
t	= Periode in der Detailprognosephase
k_{mitTS}	= Gewogener Gesamtkapitalkostensatz (WACC) mit Tax Shield
p	= Insolvenzwahrscheinlichkeit
1-p	= Überlebenswahrscheinlichkeit
T	= Endperiode in der Detailprognosephase
w	= Wachstumsrate
N_0	= Marktwert des nicht betriebsnotwendigen Vermögens
FK_{MW}	= Marktwert des Fremdkapitals

Formel 12 - Unternehmenswert nach der modifizierten DCF-Methode
Quelle: Eigene Darstellung in Anlehnung an IACVA-Arbeitskreis 2011, S. 15

---

[154] Vgl. Kehrel 2011, 374 f.; IACVA-Arbeitskreis 2011, 14 f.

5 Würdigung und bereichsübergreifende Handlungsempfehlungen

Die Analysen zeigen, dass die DCF-Methoden grundsätzlich als geeignetes Instrumentarium bei der Bewertung von Wachstumsunternehmen von der Betriebswirtschaftslehre und der Rechtsprechung anerkannt werden. Jedoch existieren einige Besonderheiten, die es im Bewertungskalkül zu modifizieren gilt. Diese Modifizierungen sollen die Mängel und Lücken der DCF-Methoden schließen oder zumindest greifbar machen. Allgemein sollen bei der Cash Flow-Prognose statt in der Gegenwart in der Zukunft angesetzt werden. Die Renditeforderungen sollten neben der Vergütung für die Überlassung des Kapitals (Basiszinssatz) auch eine Prämie für die Übernahme der unternehmerischen und Insolvenzrisiken beinhalten. Diese Prämie könnten bei Startups sehr hoch sein, welche die teilweise bedeutend hohen Startup-Bewertungen in Frage stellen sollten. Durch die Einbeziehung von Wahrscheinlichkeiten sollte die Volatilität greifbar gemacht werden.[155] Bereichsübergreifend wird empfohlen mehrere Bewertungsmethoden hinzuziehen, um Plausibilitätsbeurteilungen durchführen zu können (Methodenpluralismus). Neben der Anwendbarkeit der DCF-Methoden verdeutlichen Zellmann et al. in ihrer Studie aus dem Jahr 2013, dass qualitative Faktoren einen höheren Stellenwert bei der Wertermittlung besitzen, als der Einsatz unzähliger Bewertungsmethoden. Hierzu gehören insbesondere die Erfahrungen der Bewertungsanalysten.[156]

---

[155] Castedello/Schöniger 2018, S. 166; Copeland et al. 2002, S. 390; Achleitner/Lutz 2004, S. 61.
[156] Vgl. Rzepka et al. 2016, S. 313.

6 Fazit

Der einzig wahre Unternehmenswert existiert nicht. Abhängig vom Bewertungsanlass kann ein Wert oder sogar mehrere Werte in Form von Bandbreiten aus einer Bewertung resultieren. Für jede Bewertung gilt im Allgemeinen: Auf lange Sicht müssen die Renditen des investierten Kapitals die Kapitalkosten übersteigen. Seit Beginn des 19. Jahrhunderts wurden hierfür viele innovative Bewertungsmethoden entwickelt. Hierunter fallen beispielsweise Kundenbewertungsmodelle, Kurs-Gewinn-Verhältnis und Besucherzahlen. Zu den klassischen Methoden gehören z.B. Substanz- und Liquidationsverfahren, Realoptionsverfahren, Vergleichsverfahren und Discounted Cash Flow-Methoden. Die vorliegende Untersuchung zeigt, dass trotz vieler Kritiken sowohl bei etablierten als auch bei jungen Unternehmen die DCF-Methoden sich bewährt haben. Weiterhin sind die DCF-Methoden auch gegenüber den Multiplikatorverfahren zu bevorzugen, da die Ermittlung von Vergleichswerten für junge Wachstumsunternehmen als erheblich schwieriger scheint als bei Unternehmen aus klassischen Branchen. Im Rahmen der DCF-Methoden ergibt sich der Unternehmenswert aus der Summe des Barwerts der periodenspezifischen Cashflows und dem Barwert nicht-betriebsnotwendiger Vermögenswerte. Die vier Varianten der DCF-Methoden wurden formelseitig erläutert. Diese unterscheiden sich lediglich in der Anwendung der relevanten Cash Flows und Diskontierungszinssätze. Im Kontext der Bewertung von jungen Wachstumsunternehmen sind weiterhin auf Besonderheiten zu achten und gegebenenfalls Modifizierungen vorzunehmen.[157] Wegen der mangelnden und gleichzeitig stark fluktuierenden Datenbasis wird bei Wachstumsunternehmen empfohlen den Fokus lediglich auf die jüngsten zwölf Monate zu legen. Die Prognose der Cash Flows sollte in zwei Phasen erfolgen. Die Detailprognoseperiode sollte verlängert auf fünf bis zehn Jahre erweitert und geplant werden. Auf die Restwertperiode sollte besonderen Acht gegeben werden, da der Großteil des Unternehmenswertes bei jungen Unternehmen im Terminal Value liegt. Anschließend sollte das Chancen- und Risikoprofil analysiert werden. Denn unabhängig der Wahl der Bewertungsmethode ist die Unsicherheit insbesondere bei Wachstumsunternehmen groß und unvermeidbar wie bereits im Eingangszitat von Warren Buffet erkennbar. Ebenso ist die Berücksichtigung der Flexibilität und des Insolvenzrisikos empfehlenswert, um das Risikoausmaß zu verringern. Weiterhin kann eine Szenarioanalyse bei der Betrachtung der

---

[157] Vgl. Smeets 2018, S. VI f.

Volatilität hilfreich sein. Abschließend ist zu überprüfen, wie sensitiv das modifizierte DCF-Modell auf bereits kleine Parameteränderungen reagiert. Im Allgemeinen ist neben dem modifizierten DCF-Modell der Einsatz eines Methodenpluralismus empfehlenswert, um weitere Sicherheit einzuführen. Im Abschluss dieser Untersuchung wird darauf hingewiesen, dass trotz der vielen mathematisch-basierten Modelle nicht auf die Expertise und Erfahrung der Mitarbeiter und Berater verzichtet werden darf.[158]

---

[158] Vgl. Drach 1999, S. 58.;

Literaturverzeichnis

Achleitner, Ann-Kristin; Bassen, Alexander; Pietzsch, Luisa (2001): Kapitalmarktkommunikation von Wachstumsunternehmen. Kriterien zur effizienten Ansprache von Finanzanalysten. Stuttgart.

Achleitner, Ann-Kristin; Lutz, Eva (2004): Venture Valuation - Bewertung von Wachstumsunternehmen. Klassische und neue Bewertungsverfahren mit Beispielen und Übungsaufgaben. Stuttgart.

Adams, Michael; Rudolf, Markus (2005): Bewertung von Wachstumsunternehmen. In: Christoph J. Börner und Dietmar Grichnik (Hg.): Entrepreneurial Finance. Kompendium der Gründungs- und Wachstumsfinanzierung; mit 25 Tabellen. Heidelberg, S. 193–212.

Ballwieser, Wolfgang; Hachmeister, Dirk (2016): Unternehmensbewertung. Prozess, Methoden und Probleme. 5., überarbeitete Auflage. Stuttgart.

Becker, Ruben (2019): Die Unternehmensbewertung von Start-up Unternehmen. In: Jutta Stumpf-Wollersheim und Andreas Horsch (Hg.): Forum Mergers and Acquisitions 2019. Beiträge Aus Rechts- und Wirtschaftswissenschaftlicher Sicht. Wiesbaden, S. 85–102.

Becker, Wolfgang; Ulrich, Patrick (Hg.) (2016): Handbuch Controlling. Wiesbaden.

Behringer, Stefan (2016): Verfahren der Unternehmensbewertung. In: Wolfgang Becker und Patrick Ulrich (Hg.): Handbuch Controlling. Wiesbaden., S. 491–507.

Born, Karl (2003): Unternehmensanalyse und Unternehmensbewertung. 2. Auflage.

Brettel, Malte; Rudolf, Markus; Witt, Peter (2005): Merkmale von Wachstumsunternehmen. In: Malte Brettel, Markus Rudolf und Peter Witt (Hg.): Finanzierung von Wachstumsunternehmen. Grundlagen -- Finanzierungsquellen -- Praxisbeispiele. Wiesbaden, S. 1–11.

Bundesverband Deutsche Startups (Hg.): Deutscher Startup Monitor 2018. Unter Mitarbeit von KPMG AG Wirtschaftsprüfungsgesellschaft. Bundesverband Deutsche Startups e.V. Online verfügbar unter https://deutscherstartupmonitor.de/fileadmin/dsm/dsm-18/files/Deutscher%20Startup%20Monitor%202018.pdf , zuletzt geprüft am 23.07.2019.

Castedello, Marc; Schöniger, Stefan (2018): Praxiswissen Unternehmensbewertung. Kurzbeiträge zu aktuellen Bewertungsthemen. Düsseldorf.

Copeland, Thomas E.; Koller, Tim; Murrin, Jack (2002): Unternehmenswert. Methoden und Strategien für eine wertorientierte Unternehmensführung. 3., völlig überarbeite und erweiterte Auflage, Frankfurt/Main. Online verfügbar unter http://www.sub.uni-hamburg.de/ebook/e-book.php?act=b&cid=892

Crasselt, Nils; Lukas, Elmar; Mölls, Sascha H.; Timmreck, Christian (Hg.) (2018): Handbuch Kapitalmarktorientierte Unternehmensbewertung. Grundlagen, Methoden, Regulierung und Branchentrends. Stuttgart.

Creditreform Wirtschaftsforschung (Hg.) (2018): Insolvenzen in Deutschland, Jahr 2018. Verband der Vereine Creditreform e.V. Neuss. Online verfügbar unter https://www.creditreform.com/fileadmin/user_upload/crefo/download_de/news_termine/wirtschaftsforschung/insolvenzen-deutschland/analyse_UE-2018.pdf, zuletzt geprüft am 30.07.2019.

Creditreform Wirtschaftsinformationen (Hg.): Bonitätsindex 2.0. Online verfügbar unter https://www.creditreform.at/fileadmin/user_upload/Oesterreich/Downloads/Wirtschaftsinformation/Broschuere_Bonitaetsindex_2.pdf , zuletzt geprüft am 25.08.2019.

Damodaran, Aswath (2000): The Dark Side of Valuation: Firms with no Earnings, no History and no Comparables - Can amazon.com be valued? Hg. v. Stern School of Business, New York University. Online verfügbar unter http://people.stern.nyu.edu/adamodar/pdfiles/papers/HighGrow.pdf , zuletzt geprüft am 25.07.2019.

Damodaran, Aswath (2009): Valuing Young, Start-up and Growth Companies: Estimation Issues and Valuation Challenges. Stern School of Business, New York University. Online verfügbar unter http://people.stern.nyu.edu/adamodar/pdfiles/papers/younggrowth.pdf , zuletzt geprüft am 23.07.2019.

Damodaran, Aswath (2012): Investment Valuation. Tools and techniques for determining the value of any asset, 3. Auflage. Hoboken.

Drach, Pierre (1999): Die Bewertung von Wachstumsunternehmen - Nicht nur neue Verfahren bestimmen die Analyse. In: Going Public (Heft Sonderausgabe "Praxis"), S. 56–58.

Drukarczyk, Jochen; Schüler, Andreas (2016): Unternehmensbewertung. 7., vollständig überarbeitete und erweiterte Auflage. München.

Ernst, Dietmar; Schneider, Sonja; Thielen, Bjoern (2018): Unternehmensbewertungen erstellen und verstehen. Ein Praxisleitfaden. 6., überarbeitete Auflage. München.

Ernst & Young (Hg.): Start-up-Barometer Deutschland. Januar 2019. Wirtschaftsprüfungsgesellschaft. Online verfügbar unter https://www.ey.com/Publication/vwLUAssets/ey-start-up-barometer-deutschland-januar-2019/%24FILE/ey-start-up-barometer-deutschland-januar-2019.pdf, zuletzt geprüft am 14.07.2019.

Ernst & Young (Hg.): Venture Capital and Start-ups in Germany 2017. Wirtschaftsprüfungsgesellschaft.

finanzen.net (Hg.) (2019): DAX Marktkapitalisierung Liste. finanzen.net GmbH. Online verfügbar unter https://www.finanzen.net/index/dax/marktkapitalisierung , zuletzt geprüft am 14.07.2019.

finanzen.net (Hg.) (2019): Zalando, Kennzahlen. finanzen.net GmbH. Online verfügbar unter https://www.finanzen.net/bilanz_guv/zalando , zuletzt geprüft am 14.07.2019.

Frankfurter Allgemeine Zeitung (Hg.) (2002): Unternehmensbewertung: Bewertung von „geschichtslosen" Unternehmen. Frankfurter Allgemeine Zeitung GmbH. Online verfügbar unter https://www.faz.net/aktuell/wirtschaft/unternehmensbewertung-bewertung-von-geschichtslosen-unternehmen-172126.html#void , zuletzt geprüft am 23.07.2019.

Hachmeister, Dirk (2000): Der Discounted Cash Flow als Maß der Unternehmenswertsteigerung. München, Univ., Diss., 1994. 4., durchges. Aufl. Frankfurt am Main.

Harvard Business Manager (2016): Das Geheimnis der Einhörner. In: Harvard Business Manager (9), S. 8–11.

Hauschildt, Jürgen (1997): Innovationsmanagement. 2., völlig überarbeitete. und erweiterte Auflage. München.

Hayn, Marc (2003): Bewertung junger Unternehmen. Saarbrücken, Univ., Diss., 1998 u.d.T.: Hayn, Marc: Bewertung junger, dynamischer und überproportional wachsender Unternehmen. 3., wesentlich überarbeitete Auflage. Herne.

Heesen, Bernd (2019): Basiswissen Unternehmensbewertung. Schneller Einstieg in die Wertermittlung. 2. Auflage. Wiesbaden.

IACVA-Arbeitskreis (2011): Bewertung nicht börsennotierter Unternehmen – die Berücksichtigung von Insolvenzwahrscheinlichkeiten. In: Bewertungs-Praktiker 2011 (1), S. 12–22. Online verfügbar unter https://alertco.com/application/files/2315/2275/7460/eacva-beitrag.pdf, zuletzt geprüft am 21.08.2019.

IDW S 1 i.d.F. (2008): IDW-Standard. Grundsätze zur Durchführung von Unternehmensbewertungen ; (IDW S 1 i.d.F. 2008). [Stand: 02.04.2008]. Düsseldorf.

ING-DiBa (Hg.) (2018): ING-DiBa Geschäftsbericht 2018. ING-DiBa Holding GmbH. Online verfügbar unter https://www.ing.de/binaries/content/assets/pdf/ueber-uns/presse/publikationen/geschaftsbericht-2018-der-ing-holding-deutschland-gmbh.pdf , zuletzt geprüft am 23.08.2019.

Johanning, Lutz (2001): Start-up: Wie bewertet man Wachstumsunternehmen? Hg. v. Frankfurter Allgemeine Zeitung. Frankfurter Allgemeine Zeitung GmbH. Online verfügbar unter https://www.faz.net/aktuell/finanzen/start-up-wie-bewertet-man-wachstumsunternehmen-124004.html.

Kehrel, Uwe (2011): Die Bedeutung des Insolvenzrisikos in der Unternehmensbewertung. In: Controlling & Management 55 (6), S. 372–376.

Kleeberg & Partner (Hg.): Basiszinssätze Unternehmensbewertungen. Kleeberg & Partner Wirtschaftsprüfungsgesellschaft & Steuerberatungsgesellschaft. Online verfügbar unter https://www.kleeberg.de/fileadmin/download/u-Bew/Kleeberg_Basiszinssaetze.pdf , zuletzt geprüft am 10.07.2019.

Kuhner, Christoph; Maltry, Helmut (2017): Unternehmensbewertung. 2., überarbeitete und erweiterte Auflage. Berlin.

Langenkämper, Christof (2000): Unternehmensbewertung. DCF-Methoden und simulativer VOFI-Ansatz. Wiesbaden.

Nestler, Anke; Kupke, Thomas (2003): Die Bewertung von Unternehmen mit dem Discounted Cash Flow-Verfahren 2003 (06), S. 163–170. Online verfügbar unter https://www.iww.de/bbp/archiv/unternehmensbewertung-die-bewertung-von-unternehmen-mit-dem-discounted-cash-flow-verfahren-f34213 , zuletzt geprüft am 09.07.2019.

Peemöller, Volker H. (Hg.) (2015): Praxishandbuch der Unternehmensbewertung. Grundlagen und Methoden, Bewertungsverfahren, Besonderheiten bei der Bewertung. 6., vollständig aktualisierte und erweiterte Auflage. Herne.

Postinett, Axel (2019): Analyse: Uber legt katastrophale Zahlen vor – und muss vor der Konkurrenz zittern. Hg. v. Handelsblatt. Online verfügbar unter https://www.handelsblatt.com/unternehmen/industrie/analyse-uber-legt-katastrophale-zahlen-vor-und-muss-vor-der-konkurrenz-zittern/24886812.html?ticket=ST-7887994-LqzAqcjHSeLbLNBLcHLR-ap2 .., zuletzt geprüft am 23.08.2019.

Rieg, Ulf (2004): Analyse der Bewertung junger innovativer Unternehmen. Zugl.: Aachen, Technische Hochschule, Diss., 2004. Lohmar.

Rudolf, Markus; Witt, Peter (2002): Bewertung von Wachstumsunternehmen: Traditionelle und innovative Methoden im Vergleich.

Rzepka, Maximilian; Hille, Christoph; Schieszl, Sven (2016): Die Bewertung von Start-up-Unternehmen: aktuelle Entwicklungen, Bewertungstrends und angewendete Bewertungsmethoden. In: Corporate finance: Finanzierung, Kapitalmarkt, Bewertung, Mergers & Acquisitions 7 (9), S. 311–320.

Schacht, Ulrich; Fackler, Matthias (2009): Praxishandbuch Unternehmensbewertung. Grundlagen, Methoden, Fallbeispiele. 2., vollständig überarbeitete Auflage. Wiesbaden.

Schneider, Katharina (2019): Smartphonebank: 3,1 Milliarden Euro – N26 ist jetzt eines der wertvollsten deutschen Start-ups. Online verfügbar unter https://www.handelsblatt.com/finanzen/banken-versicherungen/smartphonebank-3-1-milliarden-euro-n26-ist-jetzt-eines-der-wertvollsten-deutschen-start-ups/24670244.html?ticket=ST-282742-ldrIpK-KAA7FLPElyMbBo-ap1., zuletzt geprüft am 23.08.2019.

Smeets, Mario (2018): Besonderheiten bei der Bewertung junger Unternehmen. Wiesbaden.

Spremann, Klaus; Ernst, Dietmar (2011): Unternehmensbewertung. Grundlagen und Praxis. 2., überarbeitete Auflage. München.

Standard & Poor's Global (Hg.) (2019): Annual Global Corporate Default And Rating Transition Study 2018. Online verfügbar unter https://www.spratings.com/documents/20184/774196/2018AnnualGlobalCorporateDefaultAndRatingTransitionStudy.pdf , zuletzt geprüft am 05.08.2019.

Statista (Hg.) (2019): Anzahl der Firmeninsolvenzen in Deutschland nach Unternehmensalter 2018. Online verfügbar unter https://de.statista.com/statistik/daten/studie/660673/umfrage/anzahl-der-firmeninsolvenzen-in-deutschland-nach-unternehmensalter/ , zuletzt geprüft am 31.07.2019.

Stumpf-Wollersheim, Jutta; Horsch, Andreas (Hg.) (2019): Forum Mergers and Acquisitions 2019. Beiträge Aus Rechts- und Wirtschaftswissenschaftlicher Sicht. Wiesbaden.

Volkart, Rudolf (2010): Unternehmensbewertung und Akquisitionen. 3., vollständig überarbeitete. Auflage. Zürich.

Weisheit, Felix; Göhler, Georg-Friedrich; Meser, Michael (2019): Die Monte-Carlo-Simulation bei der Bewertung junger unternehmen. In: Der Betrieb 72 (23), S. 1277–1280.

Winter, Tanja (2009): Der Unternehmenswert von Steuerberaterkanzleien. Wiesbaden.

Wirtz, Bernd W.; Salzer, Eva (2013): IPO-Management: Strukturen und Erfolgsfaktoren.

Wöltje, Jörg (2017): Investition und Finanzierung. Grundlagen, Verfahren, Übungsaufgaben und Lösungen. 2. Auflage. Freiburg.